理财要趁早

沐丞 — 著

新华出版社

图书在版编目（CIP）数据

理财要趁早 / 沐丞著 . —— 北京 : 新华出版社，
2016.11
ISBN 978-7-5166-2939-0

Ⅰ . ①理… Ⅱ . ①沐… Ⅲ . ①私人投资 – 基本知识 Ⅳ . ① F830.59

中国版本图书馆 CIP 数据核字 (2016) 第 263193 号

理财要趁早

作　　者：沐　丞

选题策划：陈光武　　　　　　　　　　责任编辑：陈光武
装帧设计：左　左

出版发行：新华出版社
地　　址：北京石景山区京原路 8 号　　　邮　　编：100040
网　　址：http://www.xinhuapub.com
经　　销：新华书店
购书热线：010 – 63077122　　　　　　中国新闻书店购书热线：010 – 63072012

照　　排：左　左
印　　刷：北京文林印务有限公司

成品尺寸：148mm×210mm
印　　张：7.75　　　　　　　　　　　字　　数：100 千字
版　　次：2016 年 11 月第一版　　　　印　　次：2016 年 11 月第一次印刷

书　　号：ISBN 978—7—5166—2939—0　　定　　价：30.00 元

图书如有印装问题请联系：010-63077101

目录 | CONTENT

¥

上篇

理财思维

€

中篇

理财实战

$

下篇

案例分析

自序：理财是一种生活态度

　　下决心写这本书是因为工作十年在理财的路上感慨良多，的确有了一些心得体会，特别是前一段时间以前的同事让我在微信里建个群教他们理财知识的时候。我想与其零零散散地传授不如系统地整理出来，让更多的人一起来交流效果更好。

　　这些同事，有的工作才三四年，有的已经成家生了孩子，居然都不会用信用卡，他们其实都是在国内甚至国际上有名的大公司里工作，但是在理财方面真的是小白。可想而知，还有很多其他朋友也是类似的情况。自己努力拼命挣的工资奖金正慢慢缩水而浑然不知，工作几年还是只能"望房兴叹"。

　　有人说"白领"就是月月光，工资"白领"了，对于不会理财的白领真是这种情况，我身边就有很多这样的例子，在书中我也会介绍这些实例并给出解决方案。

　　至于我自己，已经在 2015 年 10 月买下第三套房产，虽然有不少贷款，但是三套房产粗算也有上千万的价值，这是我十年工作和理财的成果。这个成果有我有意识的行为，也有机遇的因素，整个过程更不是一帆风顺。所以想要理财的朋友首先要摆正心态，理财是个持续的过程，可能也包含偶然因素。本来第三套房产在更早的时候就可以入手，但因为自己的一些失误和贪心而未能实现，这个在书中也会有案例介绍。

大家都很喜欢看三五年存下几十万到上百万的帖子，但是如果这个人工资也就三五千，光靠记账和节省是很难达到的。一般情况都会有额外的收入，比如丰厚的奖金、兼职外快，或者相对偶然的机遇，比如较长时间的牛市，否则就算我们数学一般的人也能算得出来，哪怕理财收益每年达到20%，月工资只有几千的人都很难存下这么多钱的。所以最好的理财可能是投资自己，理财的理想目标是过上自己想要的生活，不见得是一定要追求多少存款和资产，或者是所谓的财务自由。所以，理财是一项技能，更是一种生活态度。

这个世界上有很多人理财，也就有很多人不理财。会理财的人并不代表很会赚钱或是财务自由，同样的，不理财的人也不代表赚钱能力差或是入不敷出。所以，这么多关于理财的书籍并不能让你走上人生巅峰，本书也如此。

但是当你有意识地关注理财，并循序渐进做起来的时候，会发现懂得理财的生活和疏于理财的生活有着很大的不同。本书并不是简简单单地教授一些理财方法和技巧，更是表达一种生活态度，所以当你在阅读的过程中如果发现里面的一些内容跟你所认为的理财知识不一致时，也不要疑惑甚至抱怨。看完这本书，明白了理财的真正含义，相信你一定会豁然开朗。

既然理财是一种生活态度，就不用将它看得太复杂或是沉重，书中提到的很多观点也不用全盘接受，根据自己的实际情况做决定就好。书中提到的"财富尽在掌握"中的"掌握"其实有着一语双关的含义，表面意思是让你管理掌控自己的财务，第二层意思则是配合 "指尖理财"表达一种方式行为，即通过手掌中的手机来进行快捷的理财生活。

理财达人有很多，他们来自于各行各业，并不是很多人认为的那样，要学专业的金融、财会知识，或者是财经节目的嘉宾。所以请放轻松，看完本书即使不能成为理财达人也没有关系，因为你已经开始关注理财，这就是非常大的进步。不论你将财务自由作为理财的目的，还是把享受高品质的生活作为理财的目的，这本书或多或少都能帮到你。

本书有几个章节，并不是孤立的，而且也是一个循序渐进地打造理想理财生活培养思维和端正态度的过程。所以希望读者们尽量从头开始看，而不是仅仅看目录然后翻到感兴趣的内容，否则可能会有一定的跳跃而不能更好地帮助到大家。

从今天开始，开启你的全新理财生活。

上篇

理财思维

Part One

第一章
关于理财这件事

1. 当我们讨论理财时，我们在讨论什么？

一提到理财，不少人普遍的认识就是赚钱。简单点的就是通过储蓄赚点利息，高级一点的就是买股票、基金、黄金，甚至投资项目、艺术品等达到财富增值。不能说这样的观点有问题，应该说通过种种理财行为达到财富的增值，哪怕是让财富不缩水，的确可以认为是理财的基本要求。但是正如本书自序里所说的那样，理财是一种生活态度，所以不能简单理解为赚钱，它也不是只和钱相关。

还有一种观点，就是我每个月工资那么低，能覆盖生活花销就不错了，哪还有闲钱理财呢？这种观点也非常常见，包括一些可能没有收入的学生，刚走上职场的年轻人，或是全职太太更不太关心如何理财。对于持有这种观点的人群，他们不一定会主

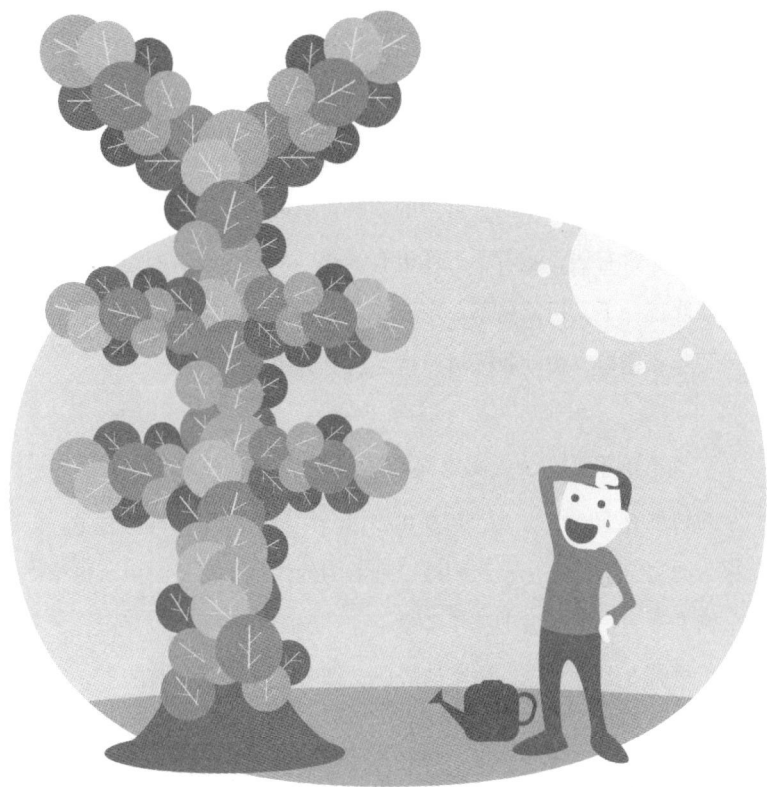

¥

理财并不是有钱人的事，
也不是一定要每天花费大量的精力，
理财不如先从好好利用时间开始。

动关注理财的知识，估计也不会看到本书，相信你身边也有这样的朋友，如果你看完本书觉得对他们有帮助，不妨将里面的一些观点分享给他们。

如果很有钱了，又怎么看待理财这件事呢？我相信达到财务自由的人毕竟是少数，而且这类人可能更懂得如何理财，否则只会坐吃山空。对于财务自由的理解大家可能会不同。简单的理解就是非常有钱，躺着不工作也有钱花，不用为经济问题烦恼。如果修正一下，可能是不一定要非常有钱，而是工作的目的不是为了养家糊口，被动收入可以覆盖所有开销。

举个例子，一个人买彩票中了 1000 万元，全部存银行，每年的利息有 50 万元，这 50 万元够他一年所有消费还绰绰有余，那么他完全不用工作，我们可以理解为他达到了财务自由。再举个例子，一个人通过十几年辛勤工作存款 100 万元，也存银行，每年只有 5 万元利息，后来他辞职，做起了自己感兴趣的事，比如摄影，但是一个月要消费 3000 元，我们也可以理解为他达到了财务自由。所以财务自由并不是简单的以有多少资产来衡量，反而一种理想的生活状态可能是一种更贴切的表达。或许第一个人过着纸醉金迷的生活，而第二个人过着粗茶淡饭的生活，但是我们很难说谁更快乐。

上面举了粗茶淡饭但是可能快乐的例子，这并不是本书的中心思想，相反，本书更希望你能合理规划自己的生活和理财达到自己理想的生活，并不是一味地节衣缩食。任何时候，好的生活质量才是我们追求的目的。至于什么是好的生活质量也不能一概而论。有的人喜欢城市的灯红酒绿，有的人喜欢乡村的清心寡欲，只要自己内心喜欢，就不用太在意别人的看法。

当讨论理财的时候或许我们更多的关注是资产，但是拥有再多的资产却不能过自己想要的生活，那么意义在哪里？明白这一点，或许你就能明白我为什么强调理财是一种生活态度了。因此当你看完本书，再跟别人讨论理财的时候或许可以有一些新的观点。

2. 你不是什么都没有，你有时间！

时间成本可能是我们日常生活中经常被忽略的，有时我们会为了省下一点小钱而浪费大量的时间，这样做是非常不值得的。

举一个我的例子，我曾在二手网站上卖过一个闲置物品，本来同城快递也就 10 元，购买这个物品的买家为了省下这 10 元，下班后搭地铁然后走很远的路来到我家楼下取走了这件物品，然后又坐公交回到很远的家。不算他等我的时间，光是来回花在路上的时间就差不多两个小时！而且他也没有省下 10元，因为地铁和公交的费用至少 6 ~ 7 元，也就是他花了两小时只赚了 3 ~ 4 元！我跟他说快递很方便，同城第二天就到，物品有问题可以寄回给我，我承担邮费，但是他坚持说自己下班了也没事干，反正也是闲着。我又说晚上的两个小时很宝贵，哪怕是给自己做一顿饭、看看美剧、锻炼一下都比跑这么远来取一个二手闲置物品划算得多，他的回答是没啥爱好就出来走走，最终仍然没有接受我的建议。

这个真实的例子或许不是那么常见，但是读者朋友们可以想想自己的日常生活中是不是有类似的情况。假设一个人的月薪是 3000 元，一个月 30 天工作 22 天（有 4 个双休日），每天工作 8 小时，那就意味着这个人一个小时价值约 17 元。如果这个人浪费了 1 个小时做了本来可以避免的事情，那么是不是就可以认为不是很划算？

比如他要去某个地方，乘坐公交车只要 2 元，他要为此走到公交站，再花很长时间等车到，下车后再步行一段路到达目的地，总共花费的时间可能要 1 个小时，但是如果用打车软件，在家打好车，直接坐到目的地，可能只要 10 分钟，价格是 15 元。我们应该怎么选择？我应该会选择后者，因为对于我来说无意义的等待就是一种浪费。当然一些读者朋友可能会说，虽然打车是省下了不少时间，但是坐公交的确省了钱，同时走路就当锻炼了。这样的观点也有一定的道理，如果这个人月薪是 3 万元，甚至是 10 万元呢？那么他每小时成本是不是更高了？

正如前面所说，花钱买时间的观点并不一定适合所有人，因为在等待的过程中也可以做些有意义的事情，这样既省了钱也没有那么浪费时间。例如等车的时候看看电子书，这个时间可能也是你本来就要花费的，比漫无目的地看着车来车往要好一些。也有人觉得自己有大把时间，多花时间省点钱也挺好，我不完全赞同这种观点，毕竟时间是非常宝贵的资源，这本书也是期望传达一种珍惜时间的理财观念，读者朋友可以坚持自己的观点，但是也可以学习一些后面章节中介绍的节省时间的方法，从而更好地利用自己的时间。

3. 用碎片化时间来理财，并不难！

序言中对"财富尽在掌握"中的"掌握"做了解释，所以这一节可以说是真正要求读者开始自己的理财生活。即使前面举的例子你并不赞同，仍然可以继续过自己现在的生活，但是不妨按照我说的方法节省出一些时间来开始掌上理财，对你来说没有任何损失。因为用于理财花的时间都是通过一些小技巧节省出来的。

首先就是整理手机桌面。智能手机已经非常普及了，现如今移动互联网非常发达，它也是"指尖理财"的基础。相信正在看此书的读者一定有一部智能手机，而且大部分人的手机桌面都比较凌乱吧。手机已经取代了 PC，成为个人信息处理的中心，所以这个时代的我们很难脱离手机生活了，手机上的各种内容、操作占用了我们每天大量的时间。今天不妨先从手机桌面开始，按照我的一些小技巧调整你的桌面，为你每天省下至少半个小时的时间。

第一步：删。很多人手机中下载了许多可能几个月都不用的应用和游戏，散落在手机桌面的各个屏幕上，常用的应用反而可能被淹没，时常得滑动多个屏幕才能找到。这其实就很浪费时间，每次找一个应用多花 3 秒，一天下来、一周下来也是非常多的时间。那么不要舍不得，开始删吧！一个月都不怎么用的应用删掉，重复种类的应用删掉，不会再玩的游戏删掉。不常用的应用占用内存不说，还经常提示升级、推送消息等，这样也会受打扰，从而浪费时间。

第二步：合。手机桌面如果屏幕太多，就要每次滑动找应用，不方便也浪费时间，所以建立若干文件夹，将同类应用管理起来，并且尽可能将手机桌面的屏幕控制在两屏。这样找应用就不需要太多思考，不在第一屏就在第二屏。可以将一些游戏合并到一个文件夹中，不同银行、理财的应用也合到一个文件夹中，一些工作、提升效率相关的合并到一个文件夹中，一些电商、娱乐相关的也合并到一个文件夹中。这里并没有特别严格的标准，主要还是看个人习惯。但是总的思路就是控制桌面屏幕数量，不要在找应用上耗费时间。

第三步：移。首先底部 Dock 区固定的 4 ~ 5 个图标位置放自己最常用的应用，可以是电话、通讯录、微信等需要每天频繁使用的应用，这个位置任何屏幕都会有，处于屏幕下方，也适合单手操作，所以放置最频繁使用的应用。屏幕首屏根据个人情况放置一些常用的应用，使用频率较高的可以放在屏幕稍靠下的位置，也是为了便于单手操作。第二屏可以放置一些刚才第二步合并的一些文件夹，这些文件夹里的应用在使用频率上应该比第一屏的应用低一些。

经过这样的调整，刚开始可能不适应，因为有些应用位置调整了，个别应用最初两天使用时要想一下在什么位置，但是由于桌面屏幕很少，常用的应用就在首屏很容易操作的位置，你会马上适应这种变化，并且渐渐发现自己在找应用这个事上效率提升很高。整理应用的这三步也不一定是一劳永逸，可能随着新应用的不断出现，每个人阶段性的使用情况有一些调整。但总的原则就是维持两屏的应用，类似的应用归类，常用的应用放在第一屏，最频繁的应用放在下方。

其次是减少垃圾信息。这是一个信息爆炸的时代，各种各样的信息都在不断消耗着我们的碎片时间，很大一部分人都在无用的信息上浪费了太多时间。你仔细想想，一些不怎么熟的朋友发的在哪吃饭、在哪旅游的朋友圈帖子对你重要吗？相同的心灵鸡汤被不同的好友转发，对你重要吗？还有那些跟你八竿子打不着的明星动态、新闻对你重要吗？一些你都不愿意在里面说话的群，不停地有新消息，对你重要吗？一些虽然看似比较熟的朋友，但是一天到晚发那些无病呻吟、矫情的文字，对你重要吗？如果你的回答都是否定的，那就花个半小时，按照我提供的几个步骤整理一下。每个人的时间都很宝贵，不要让别人消耗我们，不要在无意义的人脉上浪费时间。

第一步：退群。看看你的 QQ、微信、微博中有没有非存留不可的群，如果你根本不关心里面讨论的内容，直接退掉。再看看有没有同事、同学、朋友拉你进入的群组或是临时会话组，有时候事情讨论完了，但还是可能聊一些无关的事情，你可以打个招呼再退掉。要知道无关的群越多，无关的信息就会一直出现可能中断正在做的事情，把你的时间碎片化，还有可能让你错过重要的信息。所以，退吧。

第二步：屏蔽。前面已经解释了，你真的需要知道那么多人的动态吗？直接删除掉别人可能会不礼貌，或者会出现尴尬的情况，但是可以屏蔽他们的朋友圈，这样就可以极大地节省你的时间。拿不准就先屏蔽一些都记不得是谁的人，再屏蔽一些公共场合添加完就不再联系的人，然后屏蔽一些以前认识但是已经不联系的人。这些人的状态对你真的没什么用，不看也罢。

最后屏蔽一些虽然很熟，但是发的东西基本对你没有一点意义的人，比如什么养生、算命、卖东西的，跟你无关的行业新闻等。可以继续屏蔽一些可能熟，但是你自己并不喜欢的人，尤其这些人经常发一些虚荣、矫情的内容，眼不见心不烦。不用否认，每个人都有些这样的朋友。

再看看有些朋友的帖子经常出现在你的朋友圈，你会去看或是评论，但是他们对于你的帖子从来熟视无睹，一点互动也没有，那么极有可能你也被屏蔽了，或是他们根本不关注你发的内容，那你还看他们的分享做什么呢？不如节省下时间来看本书，做一些理财的事情。微博上关注的人也可以做类似处理，微博上的人基本上是弱关系，那些明星大咖、草根红人的动态，还有各种卖东西的广告只是消耗你的时间，所以请减少关注的人，少刷微博。至于QQ等其他一些SNS应用，能少用就少用，把时间节省下来做更有意义的事情。

第三步：精简。很多占用我们时间的内容需要做一次精简，例如一些新闻客户端、内容聚合客户端，都可以让你选择感兴趣的内容，很多人会勾选各种内容，先问问自己是否真心想知道这么多领域的内容。如果某类信息你其实不感兴趣，或是对你没有什么帮助的时候就果断去除吧。还有，微信上我们也会隔三差五地关注一些公共号进去看看，那些有很多条未读消息的公共号估计你已经不关心了，也可以取消关注，只留下那些对你有帮助、经常看的吧。

通过这个章节，相信你每天可以节省下不少时间，真的不用担心会错过什么，重要联系人跟你相关的重要事情不会在朋友圈和微博上发，他们会给你电话。所以，坦然接受每天节省下来的这些时间，可能只有十分钟，可能超过一小时，这些时间不论是做做掌上理财还是提升自己，甚至是放松娱乐都是值得的。

第二章
理财路上切忌"不拘小节"

1. 你零钱的样子就是你现在的财务状况

我对很多财务状况混乱的人有过观察，这些人大概只知道每个月拿多少工资，但是如果问他们每个月交多少税、交多少社保、有多少公积金就开始不清楚了。他们或许也会有各种投资，买了基金，买了股票，投了 P2P，余额宝里也存了钱，但是具体一点的金额就想不起来了，是赚是亏也都不清楚。

财务状况混乱跟是不是有钱、工资高不高没有关系，并不是月收入不高入不敷出就是财务状况混乱。有些人工资很高，资产很多，但是财务状况也比较混乱。这些人基本上有个共同的特点，就是零钱放得很混乱。

有的人爱把零钱到处放，家中或公司的桌子上、抽屉里、各种搁架上，再不然就是揉成一团塞在口袋里，或是塞在平日的通勤包里。每到要使用的时候，拿出乱糟糟的一把纸币、硬币，边数边掉。或者干脆不用零钱，每次都是优先使用大额面钞，找了零钱又不整理直接塞回包里。

这些人经常会在某件衣服口袋里意外掏出了点钱，还沾沾自喜，觉得是意外之财；或者洗完衣服晾的时候发现口袋里有湿嗒嗒的纸币，甚至在洗衣机里发现若干硬币。

你们仔细想想，自己是不是有过类似的情况？如果上述情况出现得越多越频繁，那我基本可以肯定，你的财务状况不会好到哪里去。对于零钱的管理虽然只是一种表象，但是也可以映射出你对个人、家庭财务的清晰程度。为什么我们常说"不扫一屋何以扫天下"？往往一个人对小事上的处理就能看出他在大事上的作为。

我以前看过一个关于钱包风水的文章，大意是钱包中的钱要从大到小摆放整齐，同时每张纸币都要平整，有褶皱、折角的都要抚平放好，而且最好能用长款的钱包，因为这样钱会更"舒坦"。对于各种硬币要统一放在一处，切不可家中、口袋、钱包等各种地方随便放，否则不能"聚财"。

先不管这样做在风水学上的意义，但是我们至少可以看出对纸币、硬币的管理或多或少影响着你的个人形象。如果你钱包里的纸币皱巴巴、乱糟糟的，当要买东西的时候掏出一把大大小小的面值来数去，自己一个人就罢了，旁边如果有同事、女朋友，那估计会有些尴尬吧？或者硬币随便放在口袋里，走路的时候乒乒乓乓，再不然乱乱地放在钱包里，掏出来的时候掉一地，那也比较尴尬吧？

钱包乱糟糟的，零钱到处都是，并不是一种"不拘小节"，而可能是生活态度上的一种"潦草"。如果你的钱包整洁有序，那么在支付现金时就会既高效又优雅，不会给人留下混乱无序的印象。

所以在你研究各种投资项目，学习各种理财知识之前不妨先看看自己对零钱的态度吧。下面介绍一些整理零钱的技巧。

首先是避免产生零钱。现在各种支付途径特别多，且不说常用的信用卡、银行卡刷卡支付，现在很多场所都可以用微信、支付宝支付，用手机就能完成几乎各种消费支出。现在就算是一些街边的小摊小贩，都可以采取微信收款的方式。不需要添加对方为好友，只需对方在微信上选择收款，然后设置金额，你扫描二维码即可完成支付。还有各种业务办理、充值缴费都可以采取线上支付的方式，采取这种网上银行方式的支付可以极大减少你的零钱产生。

其次是尽量采用充值卡的形式。你每天可能要坐地铁、公交上班，如果每次都是用现金买票肯定是既不方便也会产生很多零钱，这种情况最好办公交卡。你每天可能在同一家食堂吃午饭，如果可以办饭卡就不要嫌麻烦，采取充值刷卡消费的形式肯定比每天用现金结账简单，这样也不会有很多零钱产生。

最后是对零钱的有效管理。现实生活中总不可避免地出现使用现金并产生零钱的情况，这种时候就要优先使用零钱，而不是不断将大额面钞破开。钱包中不要塞满各种小额纸币和硬币，保留少量即可，剩下的都放在家中某一处统一存放，不要东一处、西一处地乱放。对于去菜市场这种必须要用零钱的地方就尽量带上使用。

对零钱的管理并不能使你的资产增值，也谈不上是一种理财手段，更像是一种整理生活的某个方面。整理好零钱还不够，这只是告别财务混乱状况非常初级的一步，你还要对自己的整体财务状况做一下整理。

你可能有很多张银行卡、信用卡，还有公积金账户，购买的基金、股票、P2P，借给别人的钱，要偿还的房贷，甚至还有国债、银行理财产品、定期存款等理财行为，你对所有的投资、借贷都清楚吗？同样，对这些栏目有清晰的掌控，才表示你的财务状况不混乱。

¥

理财不是斤斤计较，也不能不拘小节，

大钱要管理，小钱也要打理。

理财就是跟自己的惰性做斗争。

这里给大家推荐一款名叫"财鱼管家"的 App，这款 App 可以管理你几乎所有的资产，上面说的各种账户、投资都可以管理起来。结合自己的实际情况，在这个 App 上记录各类账户和投资情况，自己的财务状况就会一目了然。

2. 月光族，别找借口不理财

我之前在一个理财论坛上遇到过不少"活在当下"的人，包括我身边的一些同事和朋友，他们称自己是"月光女神"或"白领先生"。"月光女神"就是几乎每月把工资都花完的女性，"白领先生"则是每月工资近乎白领的男士，其实就是挣多少花多少的那类人。他们当中有的人刚离开校园参加工作，有的人则已经是工作多年的职场达人，虽然想改变月光的状态却又无法控制自己的消费支出。

他们想理财时，就会看一些理财的文章和书籍，逛理财论坛和 App，在吸取碎片化理财知识的同时又不断感概自己无财可理。有的人甚至会给自己找一个借口，反正我的钱都花光了就不用折腾理财了。

但是月光的你们可曾想过生活中需要用到钱的地方那么多，

风平浪静的时候纵然可以今朝有酒今朝醉，一旦急需用钱又要怎么处理？

我有一个朋友，工作了八年，至今没有什么存款。他有两个姐姐，是家中最小的儿子，所以从小生活在一个被宠爱的环境中。上班这么久，就是典型的"白领先生"，每个月基本上都会把工资消费完，每年的年终奖也会用于买各式各样的名牌衣服、昂贵新潮的电子产品，加上过年各种费用也是所剩无几。

他平时的生活比较潇洒，吃好的、穿好的、用好的，似乎也很有品质。但是前不久他却向我咨询信用贷款的事情，原来他和交往两年多的女友要谈婚论嫁了。女方家长坚持要他在深圳买一套房子，否则就不同意结婚。我给他粗算了一下，深圳现在就算关外的单身公寓也要 200 万元，光首付就要 60 万元。他首付一分钱没有，说父母可以赞助 20 万元，两个姐姐凑 10 万元，自己再贷款 30 万元，貌似也差不多。

我拿着房贷计算器给他算，假设买 200 万元的房子，就算凑够首付 60 万，可以公积金贷款 50 万元，商业贷款就是 90 万元，按照基准利率算月供近 7000 元。30 万元信用贷款要 3 年内还清，按照 10% 的贷款利率，月供近 1 万元。所以每个月光还贷款就要 1.7 万元，而他的月薪还不到 2 万元，剩下的钱都不够在深圳生活。其次就算借父母和姐姐的钱可以无限期地延迟还款，但是买房还有很多额外的费用，如中介费、契税等，这些都是很大一笔钱。而且银行也会考察贷款人的还款能力，如果负债比太高，无论是房贷还是信用贷款都批不下来。

这个时候他傻眼了，曾经花钱不眨眼、每月月光不理财的生活让他陷入了困境。而跟他工作时间差不多的同事不少都买了房子，而且都升值了很多倍。现在就算女方同意结婚，一直租房子生活，但是等有了小孩，消费支出越来越高，房价越涨越高，小孩逐渐长大，由于没有学位房，上学都是个问题。其实有时候女方家长要求男方结婚前买房并不是简单地为自己女儿的婚后生活考虑，更多是为新结合的家庭考虑。

虽然说结婚买房的例子可能离有的人还有些远，但是天有不测风云，人有旦夕祸福，你有没有想过自己的家人突然有什么意外，比如患重病急需用钱做手术的情况？这样的事情可以说屡见不鲜，就算自己的家人没有遇到过，身边也总有类似的情况。在中国，保险意识缺乏，经常会由于一个手术导致家庭所有积蓄被花光。

我自己的家庭也出现过由于做生意发生意外，跟别人打官司赔偿很多钱欠下巨额债务的情况。

就算没有这类突发的恶性事件急需用钱，如果你总是月光没有积蓄，一旦想买什么东西，想去哪旅游都将不能如愿以偿。

这样的生活其实也没有品质可言。

所以，月光真不是拒绝理财的借口，而是要通过理财来告别月光，更从容地应对生活，这样在遇到突发状况的时候也能处变不惊。

对于还没有开始理财的月光族来说，任何时候行动起来都是最佳时间。

首先可以不用刻意降低生活质量，每次一发工资就存多少比例的钱，然后再精打细算地过日子。而是需要先记录自己每个月的消费，确定必要支出，如房租、水电气费、手机费、网费、交通费等，还有一日三餐、穿着、必须的消费品费用等。找出每个月非必要消费中的"拿铁因子"，比如每天的咖啡、抽烟、零食、淘宝购物等。

再做一些分析，固定支出肯定省不了，而诸如吃穿住行涉及的必要消费也基本省不了，但是可以优化。比如减少下馆子的频率，改为买菜做饭，这样可能更健康，而且也不一定影响品质。衣服与其买很多便宜的，不如买价格贵但是质量好的，这样也不一定花更多的钱。真正要减少的是不必要的"拿铁因子"，比如抽烟喝酒，实在减不掉的也可以优化。比如每天外买咖啡换成自己磨咖啡豆冲泡，其实一杯咖啡的成本并不高，在咖啡店里买成本就高了很多。比如不健康的零食是否能换成好吃的水果？

最后对于大笔的年终奖不要急于去消费，学会"滞后"一段时间。因为很多时候有钱会容易冲动消费，从而买了必要性不大的东西。等一段时间再买，一方面产品可能会降价，另一方面可能有更好的版本，甚至你自己又觉得不需要了。当然，心仪已久的东西该买还是要买，否则挣钱不消费也没什么意思。

这些都只是告别月光的第一步，仅仅是从改变消费习惯出发的一种理财，真正要使资产增值，那还要配合各种针对性的理财手段。或许有的人月光真的是由于收入低，工资都花在了必要的支出上，即便是这样也不能给自己不理财的借口，这个时候最好的理财就是职场上升值，通过努力工作不断提升自己的竞争力，从而获得更高的待遇。

3. 理财也是在跟懒惰做斗争

现在每次跟同事聚餐，大家都会向我咨询理财的问题。我总结了一下，大家期望的是一种简单易上手，耗费精力少，风险小，收益高，周期短，流动性好的理财方式。所有人都是恨不得躺着就把财理了，不断地钱生钱、财源滚滚。对于这种期望，我只能说洗洗睡吧。

　　首先，从风险和收益来看，二者通常成正比，即收益高的理财方式风险大，风险小的理财方式则收益低。如果有一款理财产品声称既收益高又低风险，那么你就要仔细掂量掂量了。目前来看投资一线城市的房产可能属于高收益、低风险，但是对资金的要求比较高，你没有足够多的钱投资不了，所以不适合大部分人。为什么有钱人爱炒房？就是因为这是一种收益高、风险低的投资。当然前提是投资的房产在一二线城市的优势地段，或者是学位房等。

　　其次，从耗费精力来看，一般耗费精力小的理财产品收益也会低，反之需要花费大量时间精力关注和操作的理财收益可能会高。比如买一个银行理财产品，买了之后基本上没有什么要打理的了，只要到期获得本金和收益即可，但是收益率却是非常低的，可能也就5%左右。类似的还有固定存款、国债、货币基金这样的理财产品。如果是股票，特别是短线操作的方式，这就意味着你要频繁关注和买卖，耗费的精力肯定不会少，但是也有很大几率在短时间内获得比较高的收益。类似的还有期货、外汇这样的理财产品。

　　再次，从简单易上手来看，这包括了两个层面的含义，一是需要涉及的知识和技能、对行情趋势的分析判断，二是实际操作的困难度。这里也基本上可以得出一个结论，那就是不需要太多知识和分析的理财收益相对低。比如前面提到的银行理财、货币基金这样的。如果需要有比较强的专业知识，对市场行情的敏锐判断的，收益可能会比较高，因为门槛高。比如股票、期货、外汇、艺术品这样的投资方式。

这样看来，其实没有所谓的躺着赚钱的理财方式，想要获得期望的收益，那么时间、精力、风险你至少要付出一个。特别简单的理财，不用花什么精力，风险也很小的，就要投资很长的时间，通过时间和复利的作用来获得足够的收益，这同时意味着资金的流动性也会比较差。复杂一点的理财，就要花费精力盯着，还需要各种分析判断，对投资人的要求比较高。还有就是或许不是很复杂，也不用花费过多的时间和精力，但是风险大，很可能会在短时间内亏掉很多本金。

每个人的知识背景、风险承受能力、资金情况、用于理财的时间都有很大区别，别人采用的理财方式不一定适合你。我们有时候会看到诸如"多少时间理出多少资产"的理财文章，其实这样的"教程"基本上很难被其他人复制，所以选择适合自己的理财方式尤为重要。

一个职场新人和一个耄耋老翁的理财方式肯定不一样；单身贵族和上有老下有小的理财方式也会不一样。所以还是回归到时间、精力、风险这三项上来，要看自己能承担什么，当然还要看看自己有多少本金。如果你本金特别多，就算选择收益率低、风险低、不用耗费精力的理财产品，比如银行存款，那么也能获得较高的收益。比如我有 1000 万元，选择的理财产品年化收益率只有 5%，那么不用耗费精力也几乎不用承担风险就可以一年获得 50 万元的收益。但是如果你只有 100 万元，要想获得 50 万元的收益，那么年化收益率就要达到 50%，这意味着你可能要投入大量的精力并承担巨大的风险。

前面说到投资一线城市的优质房产是一种高收益、低风险的理财，但是我们可以看到它也是一种需要花费一定精力，同时资金流动性较差的理财方式。

我认为好的理财方式不应该投入大量的精力，诸如炒股票、买卖期货、购汇售汇、投资贵重金属这些，或许能在短时间内获得比较高的收益，但是很有可能影响到日常生活和每天的心情，有种得不偿失的感觉。

好的理财方式应该是相对轻松简单，又能尽可能地提高收益率，同时还能兼顾资金的流动性。所以结合自身的情况，采取不同的理财方式搭配比较重要。

例如基金定投就比买卖股票简单一些，选择指数基金定投就不用花精力研究个股，因为可以设置定期从账户上扣款购买，所以也不用频繁地操作买卖，同时因为是定投也就意味着价格高的时候买的份额少，价格低的时候买的份额又多，这样可以平衡风险。简单来说就是利用时间周期来获取收益。这个理财方式适合很多人，可以把这种理财方式对应长期的理财目标，如给子女的教育基金、自己的养老金等。

银行固定存款、理财产品收益低，资金流动性差，货币基金虽然流动性好，但是如今的收益率比较低，所以可以替换成P2P 的活期理财和短期项目，这样兼顾了收益率和流动性。当然风险也稍高一些，毕竟有 P2P 平台坏账率高甚至跑路的情况。因此可以通过分散投资不同平台来降低风险，而且随着社会的发展，我相信 P2P 的平台也会越来越规范。

如果还有大笔的闲置资金，可以不考虑流动性的话，投资房产、商铺也是不错的选择。因为投资房产和商铺除了有本身的增值之外，还会有租金的收入，也不费时间精力，而且没有风险。甚至还可以办理抵押贷款获得资金，然后用这笔资金去购买高于贷款利率的理财产品，这样又能赚差价收益。

天有不测风云，人有旦夕祸福，所以保险也是一种很重要的理财方式。它有点像基金定投，可以按月或是按年缴费。可以买那种会返还本金和收益、每年有分红的保险产品，这样既有保险理赔的功能，又有理财获得收益的功能。

对于理财知识少、经验缺乏、工作繁忙的人来说可以将上述几种理财方式搭配使用。平日的生活费用、需要流动性高的资金通过活期 P2P 和短期项目打理；每月拿出一定的资金进行基金定投用于较为长远一点的理财目标；同时拿出少量资金用于购买保险理财产品，以应对突发状况；大笔的闲置资金、高额的年终奖金可用于投资不动产并获取租金收入和增值。

还是那句话，每个人的情况都不同，所以没有一套理财方式适合所有人，上面的理财搭配也会因人而异，在每一项的比例上会有不同。比如有的人可能没有足够的资金购买房产，那么就可以替换成循环购买中长期的 P2P 项目。

总之，你要告别懒惰，既不能把理财想得过于复杂而迟迟不开始，也不能把理财想得过于简单而随意拷贝别人的做法，需要结合自身的情况摸索出适合自己的理财方式。

4. 每月工资该如何分配？

我曾经在网上看到过一些关于每个月工资分配的经验帖，大致都是无论工资多少都要分成几个部分，比如一份用于必要的生活支出，一份用于娱乐消费支出，一份用于学习提升支出，一份用于孝顺父母支出，一份用于投资理财，一份用于储蓄保险。

也有的给出了比例，比如工资中的 40% 用于生活消费，30% 用于学习娱乐人情往来，20% 用于投资理财储蓄，10% 用于应急资金。

这些说法都有一定的道理，但是每个人的情况有很大的不同，所以不可能有一套分配机制适合所有人。比如一个上有老下有小的中年男士跟一个刚走上社会的文艺女青年在工资分配上就会有很大的不同；一个需要自己每月还房贷的工薪阶层和一个跟父母同吃同住的啃老族也会有不同。

所以我们设置一定的条件来谈每月的工资分配可能更适合。虽然每个人家庭情况会各不相同，但是我们可以从所在城市和工资高低来反推这个人处于什么样的水平，进而再看这样的人应该如何分配工资和理财。

我们以一线城市为例，北上深几个城市的房价已经达到均价 5 万元，好一点的小区单身公寓的租金也都达到 3000 ~ 4000 元。除衣食住行中的"住"差别非常大之外，其他方面一线城市和二三四线城市的差别相对小很多。

一线城市如果月收入在 3000 元以下，这类人可以归为"赤贫"族。如果要自己承担房租，通常都是在比较偏远的郊区，而且是居住条件很差的合租农民房。如果是公司提供宿舍，或是跟家人合住、投靠亲戚就稍微好一点，否则基本上很难存下钱来。这类人首要任务是在一线城市生存下去，因为房租和物价都是不断上涨，工资如果维持不变，生活就越来越艰难。

赤贫族的工资分配很简单，我觉得分成两大部分，第一部分是生活必要支出，第二部分就是学习和提升的费用。生活必要支出包含房租、日常生活费和少量的额外消费等。因为第一部分基本上就花去了工资的大部分，能剩下个几百块就别想着怎么钱生钱、理财之类的了，建议全部用来提升自己。这个阶段自我提升带来工资的上涨比任何理财都有效。

一线城市如果月收入在6000元左右，这类人可以归为"贫困"族。虽然说这个工资在二三线城市还算不错，但是对于一线城市真的不够用。这类人的起点可能比赤贫会好一些，起码可以在市区跟别人合租好一些的农民房。

贫困族的工资划分基本上跟赤贫族类似，除去基本的生活消费也要保证学习提升方面的费用。剩余的部分除去一些简单的娱乐消费外，可以进行储蓄、基金定投这类风险小又简单的理财。

一线城市如果月收入在1万元左右，这类人可以归为"温饱"族。现在很多公司招收应届生都能达到这个水平了。这类人如果合理规划自己的工资，还是能过上相对无忧的生活，至少可以跟别人合租市区边缘的一些小区房。

温饱族的工资可以分为四部分，前两部分和贫困族一样，也是预计 60% 支出在必要的生活费和学习提升上，这个水平的月薪依然要把提升自己作为重要的目标。剩下的 40% 可以一半用于交友娱乐孝敬父母等，另外一半用来理财。因为用于理财的资金也不是特别多，所以仍然以稳健的货币基金或是基金定投为主，同时也是作为自己生活的备用金。

一线城市如果月收入在 1.5 ~ 2 万元，基本上可以归为"小康"族了。这类人通常不用再跟别人合租，可以是男女朋友或小夫妻单独租好一点的公寓了。平时的生活质量也相对前面的温饱族有所提高，偶尔国内外旅游是没有问题的。

小康族的工资划分类似于温饱族，在消费娱乐和理财方面的资金绝对值会提高，理财上可以更大胆一些，可以有一部分股票和指数基金的投资。如果有首付资金，同时每个月的公积金也不错，可以考虑供房。如果处于供房的状态，那么可以将原租房租金、公积金、高风险投资全部转为月供。

一线城市如果月收入在 3 ~ 4 万元，基本上可以归为"中产"族了。这类人一般会有自己的房子，家庭成员方面可能会是三代同堂的情况。虽然收入不错，但是整体的压力不见得就小于小康族。

　　中产族的工资划分跟上面的几个族会有一些区别，可以分为五个部分。第一部分就是房贷支出，既可以看作是必要的生活支出中的一部分，也可以看作是投资理财中的一部分。第二部分是家庭生活支出，包括子女的教育费用、赡养父母的费用等。第三部分是家庭的娱乐消费支出，这部分可大可小，也要看具体的家庭情况。第四部分是投资理财，因为中产族的家庭情况，理财方面其实也应该走稳健路线，否则风险太大会影响到整个家庭，这点上反而小康族可以更激进一些。第五部分是保险支出，中产族要有 10% 的保险支出，因为这个时候已经人到中年，一旦有意外多年积蓄可能就丧失殆尽。

　　一线城市如果月收入在 5 万元以上，大致可以归为"小富"族。这类人比中产族在生活的经济压力上稍小一些，生活质量会更高一些，在子女教育的投入上也会更大一些，同时家庭娱乐方面的支出可能也会更多一些。

　　小富族的工资划分跟中产族基本一样，房贷支出可以更高一些，家庭生活支出和娱乐消费比例可以更高一些，毕竟都小富了生活质量也要跟上。理财方面和中产一样同样不适合有太多高风险的投资，同时一定要有保险方面的支出。

如果月薪更高，达到 10 万元左右，基本上就算"富裕"族了，这类人生赢家可能就不太关注什么月工资怎么划分的讨论了。

以上根据一线城市的月薪来划分人群只是一个相对标准，也只代表我这样在一线城市生活了十多年的职场老鸟的个人看法。二三线城市可以在此基础上来打个折扣。有时候人与人的差距就是一套房子而已。

第三章

消费观不正是一种病，得治！

1. 你知道怎么消费吗？

如果你在家中，不妨环顾一下自己的四周，大致看看买回来的各种东西。如果很多家居产品根本不怎么用，一些装饰物品落满了灰尘，很多书只不过翻了几页，曾经以为会经常使用的电子设备几乎没发挥作用，那么不用问，这些东西绝大部分是冲动消费的结果。所以树立合理的消费观首先就是要避免冲动消费。

假如上面列举的一些东西你很少购买，表示你至少在家居消费的环节不是那么冲动。所以请再看看你的衣柜，有没有很多穿的频率极低，价值又不高的衣物？有没有穿了不舒服，又不好搭配的服饰？有没有花了很多钱买的名牌只穿了一次，甚至买回来就束之高阁的服装？再看看鞋柜，是不是有类似的情况？再看看卫生间的化妆品、护肤品，有没有买回来就不怎么用都快过期的？如果有不少，那么表示你的消费观还是有待调整。

如果实体的物品消费上还不算那么冲动的话，对于虚拟产品的消费呢？比如有没有经不住推销人员的口若悬河就办了张只去了两次的健身卡？有没有花了几千块报了没听几堂课的培训班？有没有看到什么线上活动就拼命充值？有没有为了一些折扣、满减就买了当时不必要的东西？有没有为了花掉优惠券就去订购本不需要的 O2O 服务？

本章的核心内容是树立合理的消费观，前面举的例子是可能发生在我们身上的一些消费情况，人是感性的，冲动消费也不要太有罪恶感，至少证明你买得起。合理的消费观并不是让你节省、抑制消费，而是尽量买自己的确需要并且能充分发挥价值的东西，哪怕这个东西很贵。所以为了尽可能地避免买一堆作用小的东西，消费前在脑海中快速地过如下几个问题。

第一，这个东西我是不是一定要现在买？有些东西、衣服可能看到了非常喜欢，也不缺钱，就想马上买下来，这个非常正常。但是如果不是需要立即买下来的，不妨过一段时间再看。比如过季打折的衣服，你真需要夏天买冬天的衣服吗？买回来也不能马上穿，等到冬天又遇到更好看的呢？衣服、鞋子这些东西是总也买不够的，不用去在意当时某款打折了没有拿下。还有一些家用电器、电子产品，也是同样的道理，也许碰到了什么活动有优惠，其实很有可能买回来也用不了几次。说直白一点，如果这些衣服不是要立马穿上，电器、电子产品不是要立马使用，没有的话根本不会对你当前生活质量有影响，那么都可以放放。

第二，这个东西我是不是一定要买这款？有些相同功能的东西可能有多种款式、品牌，甚至替代品。就比如包包，有些女同胞喜欢买各种款式的包包，可能价格也不贵，但是有没有想过不如就买一款经典、质量好但是价格较贵的大牌呢？之前也说了合理的消费观并不是都让你去买便宜货，只要自己能负担得起，对自己生活质量、形象有提升的消费就是合理的。相反，买了一堆款式容易过时、质量不好、品质欠佳的东西，花的钱不见得就少。这个观点用在衣服、电子产品、家用电器也同样适用。便宜的东西通常质量也一般，你自己用起来也会随便、不珍惜，对生活质量并无很好的提升。当然也不绝对，你总能找到反例，所以合理的消费观也同样不是就只买贵的。如果有更便宜、质量好、自己感觉舒适的替代品当然可以买。但是如果你本来就有了一部 iPhone6，那么再去买一部 iPhone 6S 的必要性就不大了。

第三，这个东西我会不会经常使用？前面也举了一些例子，你冲动办了一张健身卡，就真的会每周按时去锻炼吗？你自己长这么大，对自己的毅力还不了解吗？什么属于经常用？得一周至少用一次的物品才算经常吧？看到一个烤箱幻想着自己每周都会做料理、甜点，你真是这样的人吗？如果不用，会不会对现在的生活有什么大的影响？如果既不经常用，对现有生活也没啥影响，可以不用立即买，比如觉得自己会看的书。如果真的遇到非常想要，又的确知道自己可能用不了几次的，那就看看是不是可以租赁，或是买个二手的，新鲜劲过了之后就退掉或处理掉。后面会有一个关于清理环境的章节，所以在这里就不希望大家买一堆不常用又不好处理的东西。

本节旨在让大家在消费前做一些简单的思考，避免买一些不实用的东西，但是合理的、提高生活质量的消费仍然是值得提倡的。

2. 信用卡不是洪水猛兽

看过一些关于信用卡的理论，比如信用卡由于不是立即付现金，可能会导致较多的冲动消费，还有就是由于未及时还款导致有不良信用记录。关于冲动消费，上一章节中已经给出了一些方法，其实我们可以发现无论你是不是用信用卡，跟是否会冲动消费似乎也不能直接画等号。不见得用普通银行卡或是现金就不会出现冲动消费的行为。主要还是在自己的消费意识，以及消费观是否合理的层面上。一个人的消费观如果合理，那么他即使拿着无限额的黑金卡也不会冲动消费，如果消费观不合理，那么他即使只有几百块也会买一些无用的东西。

本书中对于信用卡的观点还是利远大于弊，所以你需要1～2张信用卡，但是我不建议你拥有超过3张以上的信用卡。有信用卡的生活还是会方便很多，而且每人都拥有信用卡也是未来生活的一个趋势，你看那些发达国家一般人都会有信用卡，而我们国家也是正朝着这个方向走。

信用卡的弊并不多，前面提到了由于未及时还款可能会导致有不良信用记录，给买房、贷款等带来不方便。为了避免这种情况，首先在你没有玩转信用卡之前就不要贪图办卡时的小礼物而办了一堆信用卡，记住一定不要超过3张。平时使用的信用卡可以设置关联还款，即到还款日那天自动从关联的银行卡中扣钱，不用自己主动去还款，这样可以避免忘记还款的情况。但是银行卡中要留有足够的余额。同时，还可以在手机上设置一些提醒，以保证自己及时还款。提供信用卡的银行通常也会提前3天提醒你还款，而且现在已经有相关规定，只要在不超过还款日3天之内还了最低额，就不算逾期，不会有不良信用记录。真的遇到特殊情况，出现了无意的逾期，只要以前还款记录一直良好也可以跟银行沟通消除。总之，关于逾期还款造成不良记录的风险会越来越小，所以对信用卡不要因噎废食。

关于信用卡的使用有非常多的学问和技巧，也是掌上理财的一个重要工具，后面会单独开辟一章详细介绍信用卡的使用，让大家对信用卡能有个较为全面的认识。如果还没有信用卡的读者，看到这里可以先着手办卡了，因为这也需要花费一定的时间。还是那句话，不用一次性办理各种银行的多个信用卡，如果一张卡都没有的不妨先办一张开始用起来。

那么第一张信用卡，你要办理什么样的呢？这跟你日常生活和消费情况密切相关，因为信用卡也有非常多的种类，不同银行的信用卡也会有不同的功能。这些内容如果在书中一一介绍会非常繁琐，而且有推销之嫌，所以建议读者到各大银行的网站看看各类信用卡的介绍，这里只做一些提示。

比如你经常看电影，可以办理有 10 元看电影活动的信用卡；经常网上购物，可以办理网上购物有积分的信用卡；经常出差旅游要坐飞机，可以办理跟航空公司联盟的信用卡，这样积分可以直接兑换里程；经常去超市购物，可以办理返现的信用卡；经常外出就餐，可以办理有餐饮打折优惠的信用卡；经常出国或是去港澳，还可以办理免收汇率转换费用、合并 Visa 或 Master 能境外使用的信用卡。总之，有很多选择，不妨先思考一下自己的生活和消费习惯再做决定。

3. 最好的投资就是投资自己

投资简单来说就是要花费时间、金钱和精力，你可以通过花费这些来达到资产增值的目的。但是正如我在前言里面说的那样，在刚参加工作的早期，工资不高、存款不多的情况下，即使年化收益率达到 20%，整体上也很难达到可观的资产。你工作 3 年存下 10 万元，通过一年理财，也可能只是增长到 12 万元而已。所以这个阶段，树立合理的消费观比较重要，这些内容在前面已经介绍了，另外可通过信用卡、记账等一些手段来管理好自己的财务。剩下的就应该是投资自己了。

怎样才算是投资自己呢？也是同样，在自己的身上花费时间、金钱和精力，使自身得到提升就是投资。很多人总想着怎么拿自己一点点的存款去买基金、炒股，希望能赚更多的钱，但是你有没有想过，如果把这个时间、金钱和精力投资在自己身上，工作上更用心，通过培训提升专业技能等，说不定你的工资和奖金会涨很多呢？而这个增长通常都会远远大于用一点点的存款获得的理财收益。

我 2005 年刚参加工作时，第一份工作试用期工资只有 1500 元，那个时候不仅是月光，还欠债，但是试用期表现好，3 个月试用期结束后，工资涨到了 2800 元。虽然也不多，但是那个时候除了覆盖所有生活开销，还有一些结余还债。然后基本上每隔几个月会涨一次工资，年底有双薪或三薪，因为是小公司，并不是固定的，也是看个人表现。那段时间没有什么存款，更没有什么理财的意识，即使有也理不出来多少钱，所以把时间和精力都花费在工作上，工作之余也是买书看一些跟自己职业规划相关的书籍，平时还努力学习英语提升口语水平。主管和部门领导都比较看重我，每隔三到五个月都会涨工资，少的时候三四百，多的时候六七百。这一份工作做了只有不到两年的时间，工资从 1500 元提升到 4500 元。

第一份工作的期间并没有刻意去理财，收入也不够高，仅有的一些存款也在逢年过节孝敬了父母，还有一些就用来买书、资料和参加培训了。因为对自己的投资，我也跳槽获得了自己的第二份工作，一个世界 500 强的公司。当时该公司社会招聘的基本条件是本三硕二（本科三年工作经验，硕士两年工作经验），由于我第一份工作时对自己的投资，虽然工作经验不够，但是对业务的理解超越了其他一起面试的人，加上良好的英语口语，我顺利地获得了这份工作。工资也从 4500 元涨到了 7000 元，这还不包括几万元的年终奖。

¥

消费观很重要，

不会花钱就无法好好理财；

挣钱也很重要，

投资自己可能是最好的理财。

　　所以从我自己的例子可以看出，在刚参加工作的时候对自己的投资所带来的收益可能更大。这个阶段也不是不要理财，但可以从记账开始，了解一些相对简单易操作的理财产品，看一些理财知识，但是不用花过多的精力。刚毕业的两三年，请把更多的时间、金钱和精力投资到自己身上，这对以后的发展绝对有很大的帮助。

第四章
理财拒绝"将就"

1. 钱不能放银行！

先来看一下《存款保险条例》：存款保险实行限额偿付，最高偿付限额为人民币 50 万元。同一存款人在同一家银行所有存款账户的本金和利息加起来在 50 万元以内的，全额赔付；超过 50 万元的部分，从该存款银行清算财产中受偿。

从这个规定中我们得到两个重要信息：一是作为我们老百姓最信赖的银行也有可能倒闭，这个倒闭是国家允许的，国家不会给经营不善的银行来埋单；二是同一家银行的存款和利息不要超过 50 万元，否则一旦真的出现银行倒闭，你就可能拿不回属于自己的钱。

《存款保险条例》中为什么要把最高偿付限额定为人民币

50 万元呢？这个其实也是有讲究的，因为据说 50 万元已经可以覆盖 99.63% 的人群，所以对于绝大多数人来说还是没有什么可担心的。就算有超过 50 万元的存款，也可以放到不同的银行来规避这个可能的风险。

存款属于"净值"，有的中产阶级看似收入高，而且有房有车，但是贷款多，所以"净值"不见得高。如果有 50 万元的"净值"，在招商银行都算作高净值人群了，可以申请金葵花卡，作为 VIP 客户。

特别要注意的是《条例》只是针对银行的存款和利息，并不包括各类理财产品，也就是说如果你在某家银行买了很多理财产品，包括但不限于贵金属、国债、基金、保险、信托，一旦银行倒闭这些投资也就血本无归了。

当然，银行的倒闭在中国几率非常小，但是既然国家公布了这个《存款保险条例》，就给我们提了一个醒，钱放在银行也不见得就是绝对安全的。

就算银行不倒闭，你也要改变一些很"将就"的理财思维，那就是把钱存银行，或者购买银行的理财产品，虽然利率不高，但都是稳赚不赔的。

首先来看看那些你认为利率不高但是很安全的理财产品，这些理财产品的年化收益率大概是在 4% ~ 5%，即便是银行发售，也不会保证预期的收益。当你想购买一款银行理财产品时，在产品说明或概览处就可以看到银行给出第一个逃避责任的"借口"，叫"提前终止"。这个"提前终止"的说明就是告诉你，就算买了这个理财产品，银行因为种种原因也可以提前终止，既然提前终止那也就意味着你得不到预期的收益。

这还不够，很多银行的理财产品都有"风险揭示书"，你购买这样的理财产品也要签署协议。那就意味着你同意风险揭示书里提到的种种风险，诸如本金及理财收益风险、管理人风险、政策风险、延期风险、信息传递风险、理财计划不成立风险、不可抗力风险，等等。总之，银行能把责任撇得一干二净。

风险揭示书里就明确表示了"理财非存款，产品有风险，投资需谨慎"，并非常清楚地告诉你"本理财计划不保障本金且不保证理财收益"。你随便搜索一下"银行理财提前终止"，就会看到很多相关的新闻。

其次银行固定存款的利率就更低了，而且流动性也比较差，就算不考虑银行倒闭这种低概率的事件，那么在银行存款就保险了吗？我可以很明确地说，不保险！

因为有个东西叫"通货膨胀"，你今天存在银行 1 万元，五年定期，到期获得大约是 1.2 万元。今天的 1 万元可以买 500 斤猪肉，但是 5 年后的 1.2 万元可能只能买 400 斤猪肉了，购买力只相当于现在的 8000 元。这就是通货膨胀，它可以让你手中的钱不断贬值，尽管存在银行有利息，但是收益率却跑不赢物价上涨的速度。

可能你觉得 5 年变化不够明显，那么把时间线再拉长一点，比如 30 年前的 1 万元。那个时候的"万元户"都是属于富甲一方的"高净值"人群，而现在一线城市的应届毕业生都可以拿到万元月薪。有人算过 30 年前的 1 万元相当于现在的 255 万元！

如此看来，你还觉得把钱都放银行是安全的吗？

很多人觉得搞各种理财挺麻烦，而且利率也不高，本金又不安全，索性把钱都存银行，好一些的买点理财产品，存点定期，再搞搞零存整取就算理财了，其实这些都是很"将就"的理财思维。

通过上面的分析我们不难看出即使将钱放在银行安全系数高，但也不是零风险，同时你的钱总是在不断缩水，你存得越多越久损失越大。

于是又回到一个根本性的问题上来，那就是资产配置的重要性。适合自己的资产配置本身就是一种很有效的理财。如果你有很多钱，但是钱都放在银行，看似安全，实际上却没有进行任何的资产配置。哪怕是将钱分散到不同的银行，或是购买了不同的银行理财产品，这些仍然都是将"所有鸡蛋放在一个篮子中"，而且收益低，甚至使自己的资产始终处于一个贬值状态。

如果你将这些存款根据自身家庭的情况一部分购买基金，一部分投资房地产，一部分购买保险，或者再购买股票、进行天使投资，甚至背上一些良性的负债，然后随着自己的收入、年龄、风险承受能力不断动态调整，从长远上看你的资产其实比全部放在银行更安全，而且增值更快。

所以，把钱都放在银行并不安全，而是一种很"将就"的打理资产的方式。你要做的就是改变这种"将就"的理财思维，赶快行动起来保护自己的财产不缩水。

2. 没有风险哪有收益？

很多人进行理财时都有一种很"将就"的思维，那就是"安全第一"。当然，这样的理财思维也不能说完全错误，在家庭情况、资产情况、健康情况、年龄情况等约束下，有些人理财时采取保证本金绝对安全的策略也是合理的。

比如有的人家庭负担比较重，每月靠一份死工资，同时要还房贷；有的人已经退休年纪比较大，每月只有少量的退休金；有的人没有很稳定的收入，存款和资产也不多。那么这些人采取"安全第一"的理财方式，保证本金不亏损是比较正常的。

但是对于很多刚走入职场的年轻人，或是收入不错且工作稳定的资深白领，还有负债少且有一定资产的中产阶级来说，如果理财时太关注安全第一，那么就非常有可能无法使自己的资产得到最大化的升值。

理财有一个很简单的逻辑，那就是风险和收益成正比。每个人都应该根据自己的情况来采取不同的理财方式，使风险和收益跟自身的承受能力和理财目标相匹配。如果风险承受能力低，理财目标小，那么就不能太过于激进，不能选择太多高风险的理财产品；如果风险承受能力强，理财目标大，那么就不能太过于保守，选择收益率太低的理财产品虽然安全但是也达不到自己的理财目标。

对于刚走入职场的年轻人，最重要的理财自然是提升自身能力，多投资自己，在职场中升值，即使要理财相信也没有多少本金，换句话说也没什么可失去的。这个阶段虽然不必太过于保守，如把闲钱放在银行活期账户上，或是放在余额宝、理财通这类"宝宝"账户里，也不能花费太多时间精力在诸如炒股、期货、贵金属这些理财上。

这个阶段比较好的理财方式是进行基金的定投，选择一个成熟的指数基金，根据自己的工资，每个月投资一定的额度。这样既能达到强制储蓄的目的，又能避免过于保守的理财。指数基金虽然涨跌幅度会比较大，但由于是定投，在单位净值高的时候买的份额少，在单位净值低的时候买的份额多，这样能有效平衡风险。

这种方式还有一个好处就是不需要花费很多精力，因为是定投，可以设置银行卡自动扣款，不需要自己操心和花费精力。这样平时可以有更多的时间来提升自己，而不必因为股市的涨跌影响到心情。

如果你是一个收入不错，而且工作稳定的资深白领，因为已经工作了几年，那么就可以给自己制定一个较为可行的理财目标，如多久存够买房所需的首付。同样，这个阶段理财目标也不能太保守，因为如果怕风险，那么可能工资、财产的增幅还跑不过房价的上涨，甚至低于通货膨胀。

这个阶段可以延续刚走入职场时的基金定投，并且根据收入适当增加每月定投的额度。除此之外，一般情况下每年年底会有年终奖、年底双薪，还可能有平时的季度奖金等，这些数额较大的收入也要充分利用起来。如果只是想着这些钱可能要用就直接存个定期，这样也是很"将就"的做法。可以分散投到不同的 P2P 平台，并且投不同的短期和中长期，这样既能保证资金的灵活性，又能使收益最大化。不要一提到 P2P，你首先就想到的是跑路，还是那句话，没有风险哪有收益，分散投资就是平衡风险。

除此之外，资深白领平时要尽量用信用卡，网上消费也要走信用卡。这样零钱也可以用活期 P2P 的形式来打理。记住，用信用卡就是尽可能地占用银行的资金，让自己的每一块钱都去"工作"，因为你是个要买房的人啊。

还有，这个阶段也应该买一些保险。因为年纪轻，保险费也会低，每个月几百块就够了。可以买那种理财加分红型的保险，既有保险的作用，又可以每年有分红，而且到期会全部返还并有一定的收益。

对于负债较少、有一定资产的中产阶级来说，收入上会比资深白领更多，但是可能有房贷、车贷，家庭组成上也可能处于上有老下有小的情况。这个时候也要根据自身的情况来打理资产。有的中产阶级虽然收入不错，但是家庭负担重，这个时候也是以稳健的理财方式为主；有的中产阶级夫妻双方的工资都高，父母也都有退休金，家庭负担相对较小，那么趁着自己还没有老，理财上也可以大胆一些。

稳健的理财方式也主要是以基金加保险为主，再配合信托和少量银行理财产品，零钱也可以通过活期 P2P 来打理。

如果是家庭负担较小的中产阶级，而且有较多资金，就可以通过投资不动产的形式来理财。投资的不动产可以获得租金收益，同时会有增值，还可以将不动产再抵押出去获得贷款，然后利用贷款再进行投资和理财。理财的形式上也可以多样化一点，除了基金、P2P、信托，也可以根据自己的时间精力情况投资股票、外汇。一般来说，收入高的中产阶级可能工作压力也比较大，用于理财的时间比较少，那么投资不动产和基金定投已经基本上能获得收益的最大化。如果本来工作就很忙，还想着炒股、买卖外汇，这种短线操作的理财会很大程度上影响到正常的生活。

我在之前的文章中已经分析过钱如果存在银行或是买很多银行理财产品会导致资产贬值，因为跑不赢通货膨胀。有的人觉得银行就是安全，本金很保险，可是如果你的资产一直贬值，如同有个小偷每天从你钱包里偷点钱一样，这就是风险，而且是可预见的风险。

投资指数基金、P2P、不动产其实都会有风险，有时候风险还不好估计和控制，但是又可能会带来很大的收益。所以你不能怕，相对于资产不断缩水的风险，选择更大一点的风险换来更高的收益或许对你是更适合的。

3. 关于房价暴涨的那些事

先给你们讲一个真实的故事，我曾经有一个同事在 2008 年的时候全款就能在深圳买个 70 ~ 80 平方米的房子，那时房价大约是 8000 多元一平方米。这个同事觉得要买房就得买个大的，全家人住在一起要舒舒服服的，而且不能当房奴，要全款买，这样每个月不会有还贷压力。于是他跟公司申请去国外的艰苦地区工作，希望工作几年多存一些钱，然后再回来买个大房子。结果他的确在非洲工作期间存下了 200 多万元，但是当他 5 年之后在 2013 年底回国的时候，发现自己的存款仍然只能买得起 70 ~ 80 平方米的房子。

在非洲艰苦的生活使他不敢相信国内的房价竟然涨幅如此之大，他始终觉得这个不正常，自己在非洲那么辛苦攒下的钱怎

¥

你觉得正确的理财方式可能并不适合你，

"将就"的理财方式会让你得不偿失。

么能就这样给了开发商？于是迟迟没有出手去买房，他坚信房价会下跌，但是没想到 2014 年和 2015 年房价又飞速上涨，如今到 2016 年他手头上的钱已经不够全款买 70 平方米的房子了。

这个同事因为要结婚生小孩，最终还是贷款买了一套还算不错的房子，但是也因此当上了房奴，背负了 300 多万的债务，每个月有一半的工资用于供房。

另外一个故事是听来的，说一个人在 10 年前把自己在深圳的房子卖了后开始创业，经过 10 年的艰苦创业，攒下了几百万元。后来因为孩子要上学，他就用创业赚来的几百万元把自己 10 年前卖掉的学位房又买了回来。

前不久还看到一则新闻，说是深圳某旧改项目，有位村民获得了 66 套回迁房，但是因为地段好、租金高，导致租不出去，而自己又因为装修贷款花了不少钱，还要缴纳各种费用，就写信给有关部门要求协助解决。后来据说是一则假新闻，被网友戏称为"花式炫富"。不过因为旧改使得一些原住民获得多套回迁房一夜暴富，这并不是虚假的事情。

我自己也亲身经历过房价暴涨的阶段。我 2011 年初买下了自己的第一套房，是 40 多平方米的单身公寓，总价是 75 万元。这套房子是二手房，卖给我房子的原业主也是从他同事那里买过来的，所以到我这里已经是第三手。

这套单身公寓应该是在 2006 年收房的，我特地去查了一下当时的价格，房价只要 6000 元每平方米，加上没有限购以及首套房的优惠和贷款折扣，那么第一位业主可能只是花了 25 万元左右购买到的。第一位业主在买了约两年后，即 2008 年，以 40 万元的价格又卖给了第二位业主。第一位业主心里肯定想，不到两年就赚了 60%，这买卖划算。

接着，又过了不到 3 年的时间，即 2011 年，第二位业主又将这套单身公寓以 75 万元的总价卖给了我，他这一下又赚了 87.5%。我在想第二位业主在成交的那一刻也一定会觉得赚大了。而第一位业主肯定也很痛心，原来再等两年多就可以赚到 200%。

我买下这套房子的时候，最开始心里也想着为什么不早几年出生，早几年工作，这样就能省下好几十万元，而如今自己辛苦挣的钱就这样被别人轻松夺去了。但是，我已经不这样想了，因为 5 年过去之后，现在这套房子已经涨到了 350 万元。因为带有优质的学位，还会有上涨的潜力。

不少人都给我留言咨询是否要买房，应该什么时候买房，买什么样的房子。其实这个问题很难有统一的答案，因为每个人所处的城市不同，家庭情况差异大，收入也不一样，买房目的也有差别，因此在买房的策略上也会有很大不同。

综合来看，在买房目的上无论是自住还是投资，都要优先选择一二线城市、省会城市繁华地段的房产，最好是交通便利的学位房。基于此再结合自身条件来做一些调整，例如繁华地段买不起，那就找非繁华地段，但是配套设施好一点的；如果是自住，而且不需要学位房，那就考虑户型更好一点的；如果是投资，那就要考虑交通便利，同时户型不能太大，否则可能不好整体出租。

很多人都会认为中国的房价过高，只要一听房价会继续涨的言论就会骂声一片，可是房价如果下跌你真的就能买得到吗？就我个人观点，一线城市的优质房产下跌的可能性真的很小，因为我看得到每年有太多的新人涌入这些城市，我听得到周边太多的人都在谈论买房，我感受得到城市的飞速变化日新月异。

所以，如果你在一线城市工作生活，有钱就买房吧，因为任何时候都是价格最低的时候。

4. 早还贷款早轻松?

对于普通人来说，房贷可能是自己额度最高、还款时间最长的一种贷款了，正因为如此，我们都喜欢把每个月要还房贷的人称为"房奴"。虽然不少白领的工资高，但是或许会有相当一部分都要交给银行，所以究竟要不要尽快把贷款还掉呢?

表面上看，把贷款尽早还掉，每个月的工资中就会剩下一大笔钱，给银行的利息也会大幅减少，何乐而不为? 话虽如此，可是还贷款真的不能一刀切，同样要分情况对待。

贷款有很多种，房贷只是其中一种，即使是房贷也分商业贷款、公积金贷款、组合贷款，不同的房贷类型对应的利率也会有较大差别。除此之外，还款方式也会有不同，至少常见的就有等额本息和等额本金两种形式，不同的还款方式在需要支付的利息总额上也会有不同。

假如到了年底，你发了一笔数额还算可以的年终奖，你究竟要不要提前还房贷呢?

第一种不用提前还贷的情况就是如果你的房贷是公积金贷款，你的工作稳定，每月都有固定的收入，缴纳一定数额的公积金，那么就完全不用考虑提前还房贷。因为公积金贷款利率非常低，而且你可以办理公积金的按月提取还贷，这样可以充分利用公积金，否则每个月你个人和公司缴纳的公积金在账户上几乎没有什么收益。

第二种不用提前还贷的情况就是如果还贷的时间已经超过贷款期限的一半，这个时候也不用着急还贷款，因为你即使提前还贷，还得比较多的都是本金，不会给你节省多少利息。

第三种不用提前还贷的情况就是商业贷款利率低，或者有折扣的情况，这种虽然比公积金贷款利率要高，但是可能有不错的商贷利率折扣，比如8折甚至7折。就算没有很低的商贷利率折扣，如今的房贷利率本身也非常低，把资金用于理财获得的收益率通常都可以超过房贷利率。

第四种不用提前还贷的情况就是提前还贷会有较高的罚息，这时也要算算清楚。因为银行把一大笔钱贷给你，帮你解决了问题，但是还没赚够你的利息，你就要提前还掉贷款，那可不行，你提前还就得多交点钱给银行。所以这个时候可能还不如晚一点再还，把钱先拿去投资，这样既不用交罚息，又可以赚一笔理财收益，或许比提前还贷更划算。

第五种不用提前还贷的情况就是在近期有比较大的支出情况，比如买车、装修、大家电、出国旅游等。如果提前还完贷

款，到需要用钱的时候又着急贷款或是找别人借，还不如先不
要还款。

　　第六种不用提前还贷的情况是信用卡贷款、分期付款。有
时候你可能因为要急用钱用信用卡贷了款（将信用卡的额度换成
现金，然后再分期还款），或是账单额度较大当月的确还不了而
选择分期还款，这个时候一旦这样做了就不必提前还了，因为这
两种情况即使你提前还款，每个月的手续费仍然要支出。还有一
些免手续费的分期付款消费，这种就更不用提前还款了。

　　有的人可能会说，这么多种情况都不要提前还贷，那这样
一直拖着不是要给银行好多利息啊？首先我们要明白从银行获
得低息贷款是一件不容易的事情，所以要充分利用贷款，还有
公积金更是要充分利用，现金在自己的手上意味着自己的选择
会更多。只要身上的贷款并没有影响到你的生活，投资的收益
超过贷款利率，就可以不用提前还贷款。

　　背一些贷款还有一个好处就是可以抵抗通货膨胀。以房贷
为例，比如你现在每个月到手 1 万元工资，以等额本息的方式还
5000 元的贷款，而 10 年后、20 年后还是每月还 5000 元，但是
那个时候你到手的工资将远远超过 1 万元，同时 5000 元可能也
就相当于现在 500 元的购买力，不值得一提。

如果真的是需要还贷款也有一些讲究，而且要追求利益的最大化。

还是以房贷为例，要优先还商业贷款的部分。前面提到有的商业贷款是有利率折扣的，但是也有可能因为你贷款的那段时间刚好银行收紧个人贷款，给你的贷款有利率上浮的情况，那么这个时候如果整体利率比较高，而又没有合适的投资理财渠道，就可以提前还款。但是公积金贷款的部分仍然不用考虑提前还。

还有一种情况就是你需要购买第二套房产的时候，但是你第一套房产还有贷款，这时就要考虑提前还掉第一套房产的贷款。因为目前很多地方的购房政策是认贷不认房，即只要你没有房贷，购买第二套房产时仍然可以享受首套房贷的优惠，比如两至三成首付，贷款利率折扣等。还完第一套房产的贷款，可以用更少的首付购得第二套房产，否则要付六成首付并且要贷款利率上浮才能购买，这样就很不划算了。

如果除了房贷，你同时还有抵押贷款、信用贷款等不同类型的贷款，那么此时就要考虑优先偿还抵押贷款和信用贷款，因为这两种贷款的利率会比房贷利率高出不少。不过也要分情况考虑一下，因为信用贷款有的是期限比较短，如一年以内，是一次性还本付息的方式，这种提前还款可能也不划算。

还有一些按天计算利息的贷款，而且利率比较高，那么这种情况就要优先尽快还贷。比如信用卡取现，还有现在网络上的一些贷款形式，如微信的微粒贷、支付宝的蚂蚁贷等。这些贷款容易审批、放款快，但是日利率达到万分之四左右，相对其他类型的贷款在利率上还是比较高的，可以优先还掉。

如果还有一些诸如民间贷款，担保公司的借款，利率非常高的，那么能早还就要早还，否则利息会让人吃不消。

其实从上面需要尽快还贷款的例子中也可以得出一个结论，那就是尽量不要产生高利率的贷款。比如信用卡取现、分期付款、网络贷款、民间贷款等。这些贷款可以解燃眉之急，但是不要长期、频繁使用，否则得不偿失。

看完上面的分析你应该明白了还贷款有很多讲究，早还贷款不见得就是对自己最有利的。

5. 远离这些理财误区

我在某理财论坛上遇到过不少月光族、理财新手、不切实际的幻想家，纷纷找我咨询如何实现他们的理财目标。从他们的描述中我也发现了诸多有意思的现象，那就是很多财商偏低的人在理财思维上还是有些共同点的，今天就列举一些我觉得可以改变的理财思维。这一节也是对本章中提到的各种"将就"的理财思维一个总结。

该告别的理财思维一：坚决不使用信用卡。

我遇到过不少人把信用卡视为洪水猛兽，总觉得用信用卡就会挥霍无度入不敷出，进而导致还不起账单，还让自己有信用污点。我有一些工作了好多年的朋友，都不敢申请信用卡，总觉得刷信用卡和刷银行卡没什么区别，而且信用卡还要想着每个月定期还钱，很麻烦的样子。在我看来你只要有稳定的收入来源，银行同意你申请信用卡，你就应该用信用卡。

关于用信用卡的各种好处、一些技巧，以及涉及到的理财方式都可以看这本理财书的相关章节，这里不再赘述。在我看来使用信用卡的利一定远大于弊，坚决不使用信用卡会跟不上社会发展。

至于觉得用信用卡就会管不住自己的手，这个思路是有些问题的，我认为这完全是个人的消费理念。用信用卡就会一直买买买，难道给你现金、银行卡你就不会买买买了吗？所以错不在信用卡，而是应该转变自己的消费理念。

该告别的理财思维二：过分节俭或是过度消费。

勤俭节约是一种美德，但是过分节俭会影响生活质量，也可能会适得其反。过分节俭表现在该买的不买，一直使用品质较次的物品，或者凑合用损坏的物品。这可能会影响心情、健康。特别是一些食品方面，不能由于太过节俭而购买有问题的。有时候过分节俭还表现在为了贪便宜买了一堆不能立即使用的消耗品囤起来，这反而可能造成浪费。

过度消费也不提倡，前面提到了要端正自己的消费观念，在自己能力许可的范围内购买高品质的产品是合理的。但是不建议打肿脸充胖子，本来收入不高，非要买昂贵的包包挤公交，非要买自己负担不起的奢侈品也是不对的。过度消费还表现在重复购买，如明明 iPhone6 还没用一年，iPhone6S 一出就要抢购。

合理的消费观念就是根据自己的收入水平把握好一个度，可以看出怎么平衡好这个度跟是不是使用信用卡并没有直接关系。

该告别的理财思维三：钱多才需要理财，没钱就不需要理财。

这种思想在很多刚走入社会的职场小白中比较常见，觉得每个月到手的工资都不够花，哪还有闲钱来理财？这里我要说明的是理财并不是单纯的钱生钱，理财是一种生活方式，端正自己的消费观念，提升自己的综合能力获得更高的收入，开源节流，管理时间都是理财。

在没有钱的时候就能积极培养自己的理财意识，增加自己的财商，了解各种理财方式，那么在资产渐渐多起来的时候就更能游刃有余。否则没钱的时候无所谓，等渐渐有钱了又眼睁睁地看着自己的资产贬值也是一件痛苦的事情。

当然在刚参加工作时，可能个人收入和资产都不多，在这种情况下不要总想着省钱存钱，提升自己是最重要的理财。

该告别的理财思维四：钱只存银行，不接受新兴的理财方式。

比较关注本金安全的人都不太会选择有风险的理财方式，总觉得银行是最安全的，所以采用各种定存来作为自己的理财方式。但是正如同银行贷款利率低一样，存款利率也非常低，现在的利率已经低到跑不过通货膨胀，换言之你的钱存在银行非但没有增值反而在逐渐贬值。

理财的风险和收益从来都是成正比，别想着那些高收益低风险的，做好一定的资产配置提高收益降低风险才是正确的选择。在年轻的时候，资产中高风险的投资可以比例高一些，年纪大一些、上有老下有小的时候，资产中低风险的投资比例高一些。

也不要觉得经常看到一些新兴的理财平台倒闭、老板跑路就一棍子打死这些理财方式。倒闭和跑路的平台通常都是不正规、违法操作的平台，并不代表所有的平台都有问题。你要做的是仔细评估和识别，分散投资，不要把所有资金投资在一个平台，而不是一味地拒绝。过于保守的理财方式也会使自己的资产逐渐缩水。

该告别的理财思维五：不分情况的早还房贷。

之前在论坛里问我比较多的问题就是买房和还房贷的内容，有不少人一旦有一笔奖金就想着提前还贷，我认为这也是应该要告别的理财思维。

现在房贷利率很低，能从银行以如此之低的利率获得这么一大笔贷款本身就不容易，你又何必想着早早地结束这个福利呢？有些人是觉得自己不想当房奴，不想每个月还贷款，想着无债一身轻，看似好像也没什么问题，但是有些负债是良性的，不见得就要早早地还掉。

银行给予你的房贷利率可能还有折扣，公积金给予你的贷款利率更低，你要做的反而应该是尽可能地拉长贷款期限，把现金留在手上去做更高收益的投资。虽然当前看起来你是要还月供，可能还得比较多，但是随着你的收入增长和通货膨胀，20 年、30 年后相同的月供金额已经完全不值钱了。30 年前的万元户是个了不起的事，但是现在很多一线城市的应届生都能拿到 1 万元的月薪了。你现在每个月还 1 万元的房贷，到 30 年后 1 万元可能就值现在的 100 元。

还有就是房贷已经还了贷款期限的一半，那就更没有提前还款的必要了，因为那个时候并不能减少利息的支出，还的大部分都是本金了。

有的情况下可以提前还房贷，比如你要购买第二套房产，很多城市都是执行"认贷不认房"的政策，只要还清第一套房的贷款，那么第二套房产仍然可以按照低首付和低贷款利率，这个时候可以选择提前还房贷。还比如你的房贷是在银行收紧贷款的环境下办理的，可能利率有较高的上浮，你自己又没有更好的投资渠道获得比房贷利率更高的收益，那么也可以提前还房贷。还有就是收入不稳定，或是经常捉襟见肘，房贷压力过大，有很大的断供可能，那么也可以提前还房贷，不过这种情况你都不见得能办下来贷款。

第五章

财务自由了，就可以懒了吗?

1. 给你 500 万，你怎么花?

"给你 500 万元，你怎么花?"，这个问题是我在第一次跳槽换工作时某个面试官问我的问题，我当时不假思索地回答"买房"。我因此没有通过那轮面试。现在回想起来也非常有意思，那个职位是跟设计和创意相关的，很显然把 500 万元用于买房这样恶俗的答案一定不对面试官的胃口。

2007 年第一次跳槽时自己工作还不到两年，突然给我 500 万元我还真的不知道应该如何有"创意"地花出去。那个时候工资不高，每个月看到房东挨家挨户收房租就特别羡慕嫉妒恨，总想着自己有房子就好了，这样就不用每个月从工资里拿出好大一部分给房东，还隔三差五地缴纳这费那费。所以，买房真的是我当时最直接的想法。

500万元是一个有趣的数字，因为它刚好是2元福利彩票可以中的最高奖金，对于普通人来说就是最大的一笔意外之财，虽然能得到的机率接近零。

那个时候的我连5000元存款都没有，社会经验少，眼界又有限，但是如果现在那个面试官再问我相同的问题，我想我可以至少给出10种不同的"创意"答案让他满意。

如果以理财的观点来看这个问题呢？

那可是2007年的深圳，那个时候关内好地段的新房房价不过7000～8000元／平方米，而且没有限购，好像还有7折的贷款利率，如果真有500万元资金在当时都投资了房产，现在真的就财务自由了。如今，2016年的深圳关内新房均价已经逼近7万元／平方米，500万元仅够买一个不到80平方米的小两房了。

如果在2007年甚至更早的时候就能清晰地判断一线城市的房价会飞速上涨，那么无疑投资房产可能是最优的投资方案了。关键是那个时候还没有限购，一个家庭可以持有多套房产，有些人也就是抓住了中国房地产的黄金时期成为了新富一族。但是对于更多的普通人来说，一是很难有这样的意识，二是也没有足够的资金。毕竟拥有500万元净资产的人还是非常少。

来到 2016 年，如果再有 500 万元投资一线城市的房产可能还是一个不错的选择，因为房价仍然处于上涨的趋势，但是此时房价已经非常高，而且有限购政策，一个家庭只能拥有两套房产。如果同时买两套房，一套需要三成首付，一套需要六成首付，500 万元可能只能支付两套房子的首付、契税、装修费等各种费用，而且也会背上比较多的房贷，这个时候还要评估自己的还贷能力。

所以，就算天上掉下来 500 万元，在不同的时间投资选择也会有差别。

关于"给你 500 万元，你怎么花？"这个问题，我也问过不少身边的同事和朋友，不少人的第一反应就是马上辞职，有的是要开始环球旅行，有的是要回老家养老，有的是买房炒股，有的是要开餐厅，有的是开始自己创业。仿佛拥有了 500 万元就终于可以过上自己想要的生活了。

目前一线城市的平均工资大概在 8000 元，以这个工资水平存下 500 万元的确是不可能。即使月薪达到平均工资的两倍，即 1.6 万元，每年可以存下 10 万元，也是需要几十年的时间。但是几十年后 500 万元的购买力可能只是相当于现在的 50 万元了。

所以从长远来看，就算你被 500 万元砸中，如果不好好利用，即使不会坐吃山空，财产也会慢慢缩水，可能也无法实现财务自由的理想。

还是那句话，资产配置是关键。有了钱，并不代表自己就可以懒了，尽管钱可以生钱，但是前提也是要你先勤快一些，建立好一个良性运转的系统。这个系统适合你的家庭情况、时间付出、精力付出，只有这样你的资产才能不断升值。

2. 你总想"葛优躺"，但是越有钱的人越勤快

我认识几个有钱人，他们虽然也没有在一线城市富甲一方远近闻名，但是相对于我等普通老百姓绝对是"富得流油"，至少在我看来财务自由完全没有问题。但是这几个人并没有躺在已有的财富上尽情享受安逸的生活。对他们来说就算不工作也衣食无忧，我发现这些人有个共同的特征就是特别勤快。

李先生有一家自己的公司，在来深圳创业前是一名体制内的公务员，在江西老家过着很悠闲的生活，每天的工作也非常轻松，朝九晚五，从来不加班，而且有各种假期。公务员铁饭碗的待遇和各种福利在当地小县城也是让人羡慕。他的父亲也是当地一个不大不小的官员。如果是一般人，李先生的人生轨迹大概就

已经被定型了，在体制内慢慢地混资格，但是他没有，而是不顾家人阻拦执意辞职来深圳闯荡。

现在 10 年过去了，他公司的产品已经卖到多个国家，员工也从最开始的几个人变成了现在的几百人。我经常能在朋友圈里看到他到全国各地出差，亲自跑业务，还有周末的时候要么在加班跟员工讨论问题，要么是参加业界的各种交流活动或者上各类培训课。

他为人比较低调，有多少资产我并不清楚，但是我知道他有多处豪宅和商铺，还有一个高档的餐厅。在我看来，他完全可以雇用一个职业经理人帮他打理生意，这样自己就可以世界各地去旅游享受生活。但是按照他对我说的就是现在的状态正是他想要的，不是为了钱去工作，忙碌但是充实。

王先生是一名海归精英，曾经在一家跨国公司担任海外分公司的高管，也是工作了差不多 10 年。在海外工作的待遇高，还有各种补助，他是分公司的一把手，所以工作那么久也有了很多资产，在老家和深圳都有多套房产。

后来因为他老婆生了二胎，想回国内生活，所以他也辞职回了深圳。他本来也可以在原公司申请回国，继续在国内公司担任一个轻松的职位，凭着每年的收入和股票分红仍然可以过非常富足的生活。其实也有很多猎头挖他去别的公司担任高管，待遇会进一步提升，但是他没有跳槽换工作，而是选择了做投资人的角色。

现在的他比在国外不知道忙了多少倍，隔三差五地见各种创业者，跟他们讨论项目；他投资的项目又要跟进，帮助创业者找到更多的资源，让他们更好地发展；为了提升自己，更是每天学习和研究最前沿的知识和技术。不仅几乎没有休假，周末的时候也是看到他在组织各种路演活动。

他也是完全可以不用工作，凭着上一份工作的积累，做一些理财，加上房产的升值和租金的收益，妻子也不需要工作都可以全家人财务自由。但是他也一样闲不下来，他的成就感并不是来自于投资了多么好的项目，获得了多么大的投资收益，而是一种精神状态，是一种不为钱的工作，不断接触新事物的满足感。

张先生是我的一个同学，是一个富二代，父亲做地产生意，经历了中国地产行业飞速发展的黄金三十年。虽然我也不知道他家究竟有多少资产，但是张先生作为家中的独子，或许还比不上王思聪，我也可以很肯定就算他不工作每天吃喝玩乐也有花不完的钱。

不过张先生并不是我们所认为的那种生活腐败的富二代，他同样是靠自己的本事考上了不错的大学，然后又到国外读了研究生。回来后并没有去自己父亲的企业，而是独自到了另一个城市，经过几轮面试进入了一家跟地产毫无关系的世界 500 强的公司。他从基层做起，一直工作了 8 年，并成为了该公司的一名部门经理。

对于普通人来说，他有着殷实的家境，同时自己也是事业有成，完全可以过上很轻松的生活，财务自由对他来说根本就是不需要考虑的事情。然而在父亲退休后，他也没有子承父业，而是在差不多的时间辞去了 500 强公司的部门经理工作，开始了自己的创业。

现在的他也同样没有什么休息的时间，他的创业是从零开始，目前也就不到 10 个人的团队，每天加班到很晚，周六和周日也时常要加班。他不仅要管理这个创业公司，参与产品的研发和设计，还承担了跟进工厂生产、对外合作还有见各种投资人谈投资的事情，忙碌程度可想而知。

他需要钱吗？他肯定不需要，和之前的李先生和王先生一样，他不是为了钱而工作，忙碌就是他想要的生活状态。

或许你身边没有这样不缺钱但是又很拼命的人，但是你可

¥

财务自由不是理财的最终目标，
灵魂自由才是。

以看看那些著名的富豪们，我还真没见过特别有钱但是又不勤快的人。

李嘉诚都 80 多岁了，还是每天第一个到公司；任正非也 70 多岁了，还经常自己去国外见运营商谈生意；雷军也是跟团队每天加班奋斗、讨论问题；马化腾更是自己亲自测试腾讯的每一个产品，甚至深夜发邮件给相关负责人；罗辑思维里的罗胖也是每天发语音，每周录视频，不遗余力地卖书。这样的例子实在是太多了。

我很少听到哪个懒惰的企业家把自己的生意做得特别大，也没有听到过哪个真正的有钱人只知道贪图享乐。相反那些在网上无病呻吟、一天到晚叫嚣着要辞职旅游的人大部分都是一些在事业上还没有什么成绩，没有真正打拼过的职场新人。成天想着不工作，想着做文艺青年，想着靠兴趣赚钱，想着财务自由，其实哪有这么容易的事？你如果只会眼高手低，对现状各种不满，根本就不可能攒下第一桶金。富的人还在拼，你又有什么资格偷懒？

所以，如果没有做富二代的命，就努力当富一代吧。

3. 灵魂不自由，就谈不上财务自由

　　财务自由最常规的定义就是无需为养家糊口而努力工作挣钱，通过被动收入就可以覆盖生活的一切开支。这里有两个重点，首先财务自由不一定就是不工作了，而是仍然可以工作，但是工作的目的不是为了拿工资然后养家糊口；其次是因为工作的目的不是为了挣钱，但是生活总要有消费支出，因此需要有非工作收入，也即被动收入来保证生活的开支。

　　那什么是被动收入呢？简单理解就是你不用花费什么时间精力就可以得到的收入。比如你有房子，那把房子出租获得的租金就是一种被动收入；比如你有比较多的存款，从银行那里获得的利息就是一种被动收入；还有你投资股票、基金、P2P、贵重金属、债券、期货、收藏品等获得的收益，也都可以看作是一种被动收入；你有发明专利，授权给他人使用获得的资金也是一种被动收入；比如你写作出了书，获得首印版税稿费后，后续加印的版税收入也可以算是一种被动收入；现在流行的经营自己的公众号、自媒体、线上培训视频，你获得的打赏、广告收入同样可以算是一种被动收入。

　　我们可以看到随着社会的发展和生活方式的改变，获得被动收入的形式也会越来越多。被动收入的产生不是从天而降，想要获得被动收入意味着你在前期就要投入时间、体力、精力。比

如要想获得租金收入，首先你得有房子，因此你得先通过工作攒下一定的资金才能买下房产；比如你想要获得利息收益、各种投资收益，那么前提也是你要有本金，而这些本金也可能是你的劳动所得；至于发明专利授权费、稿费、打赏、广告收入等也都是你前期投入了时间精力创造了相应的知识产权。

这里不难看出，想要获得财务自由首先就要有被动收入，要获得被动收入就要在前期有一定时间和精力的付出。除非是买彩票中了大奖，或是突如其来的遗产继承，在没有原始积累的情况下空谈财务自由毫无意义。

如果被动收入能覆盖日常开销，甚至可以抵御一定的突发事件和风险，那么就是财务自由了吗？如果这个人整日无所事事，精神空虚，过着很无聊的生活，或者即使被动收入已经达到了财务自由的要求，但是还在做自己不喜欢的工作，自由时间少，精神压力大，这样的情况很显然也不能算作财务自由。

所以，真正的财务自由应该是可以做自己喜欢的事情，精神愉悦，心理满足，同时不用为日常生活的各种开销担忧，这才是真正的财务自由。

财务自由的生活不一定就是有大把空闲的时间，然后到处旅游吃喝玩乐，而是自己的生活状态就是自己想要的，也有可能很繁忙，但是这种繁忙已经不是对物质生活的追求，更多是对自己精神世界的一种满足。

比如巴菲特，他投资股票获得的收益几辈子也花不完，但是仍然继续研究股票投资，这不是他需要钱过更好的物质生活，而是这就是他热爱的生活方式。小野二郎已经90多岁，是年纪最大的米其林三星主厨，他做了80多年的寿司，挣到的钱完全可以安度晚年，没有必要再靠卖寿司来养家，但是仍然每天早起做寿司，因为这也是他热爱的生活方式。这样的例子还有很多。

我之前看过知乎上的一个帖子，说是有不少去澳门的内地赌客都非常有钱，他们有自己的企业，每年挣的钱都花不完，于是就到澳门豪赌，输了也无所谓。这些人或许在财务上是自由了，但是精神上是空虚的，甚至是有很大压力，只是通过赌博来短暂地逃避现实，这样的人其实远没有达到财务自由。

一味地追求金钱和物质的财务自由不是真正的财务自由，只有生活有品质、身体健康、精神满足、灵魂得到释放的自由才是真正的财务自由。

中篇

理财实战

Part Two

第六章
理财前的准备工作

1. 告别囤物癖，开始清空自己的居住环境吧

有一本书叫《断舍离》，是由日本人山下英子所著，大意是讲应该把家中不常用的东西都处理掉，否则居住环境中充斥着一些无用的东西，消耗着我们的精力。我们只用留下自己喜爱、经常使用的东西，平时也不要囤积物品和购买那些放置不用的东西，尽可能地简化居住环境，让身心得到释放。

我个人对书中的大部分观点都非常赞同，虽然很难一步做到作者要求的那样断舍离，但是我仍然一点一滴地去尝试，这一节的内容也是教大家来循序渐进地开展断舍离的生活。

其实在前面的章节中也涉及一些，比如让大家整理自己的手机桌面，删除一些无关应用，这其实也是一种断舍离，只不

€

磨刀不误砍柴工，理财亦是如此，
与其一上来就想着"钱生钱"，
不如去想想怎么开始自己的理财生活。

过不是物质上的。还有关于树立正确的消费观章节里也介绍了买东西前的三问，也是尽可能地让大家不要买了无关的东西。即使是这样，随着年龄的增长，收入的提升，这个世界物质的丰富，我们的身边都或多或少充斥着一些不常用，甚至不用的物品，它们堆积在我们的身边，可能需要经常整理、打扫、收纳，不停地消耗着我们的精力。而我们自己却又总觉得说不定以后有用而不能有效处理掉，导致物品越积越多。所以断舍离的生活对我们很重要，正如在最前面的章节中介绍的时间是很珍贵的资源一样，精简物品就是节省时间，而节省的时间就可以用来做理财。

第一步：转让。对于一些有价值的物品自然不能直接扔掉，在整理的过程中顺手拍个照，在闲暇之余上传到一些可以转让个人闲置物品的网站上挂着卖。这里推荐一些可以转卖个人闲置物品的 App。

首先是"58 同城"App，这个 App 可以卖一些家用电器、家具之类比较大件，需要购买人上门自提，当面付钱的。我买第一套房子的时候，原业主全套家私都在，我用了一年多，后面想换新的，就是通过这个 App 卖掉了几乎所有的家私。包括电视、冰箱、洗衣机、热水器、沙发床、床垫等。

其次是"闲鱼"App，它是跟淘宝 App 结合的，可以在线支付宝付款，比较适合卖一些电子产品，如手机、耳机、游戏机等。当然需要同城当面交易的物品也可以放在闲鱼上卖，这样就不用搞太多 App 了。

最后还有"微店"卖家版，也可以卖一些闲置物品，但是感觉浏览量不高，不容易卖出去。

第二步：赠送。有些不错的书籍自己看完了，不会再去看第二遍的，或是一些培训资料可以赠送给有需要的熟人。在微信朋友圈里卖东西比较讨厌，但是转赠书籍应该不会招人烦。对于一些新的礼物、护肤品、香水等，自己不需要的可以送给朋友。有时候会有些人情往来，比如要送生日礼物，都可以看看是否有合适的，对于要给红包的场合，也可以是"红包＋礼物"的形式。对于外地的朋友，偶尔寄个礼物联络感情也是不错的。赠送给他人的礼物品质不能太差，要尽量是新的。

第三步：丢弃。前两步没法处理的物品，又的确没有什么价值，以后使用的可能性也非常小，那就丢了吧。现在房价一平方都好几万了，你需要给这些没价值的物品分配空间吗？对于一些已经破损、影响使用、降低生活质量的东西也果断丢掉吧。衣柜里很多旧衣服自己不会再穿的，如果没有什么价值的也可以丢掉了，不要舍不得。如果还算新，质地不错，也可以打包捐给贫困山区。

2. 拒绝瞎忙活，赶快找点时间来理财

在前面的章节里特别强调了时间是一种很重要的资源，也介绍了一些节省时间的方法，所以回到你该花多少时间用于理财这个问题上我的观点也很明确，那就是我们尽可能地利用一些碎片化的时间来做理财。你可以随时随地地理财，而不一定要在特定的时间和特定的地点。

我记得曾经参加过一个关于时间管理的培训，老师带了一个课件，是一个类似罐子的东西，里面装满了大大小小的石头和沙子。他把里面的东西一股脑儿地倒出来，然后让我们再全部装回去。其实也不难，就是先把非常大的一些石块放进去，再放进去一些中等大小的，然后是更小一些的，最后把沙子再倒进去。但是如果你先把小石头和沙子装进去，再去装大的石头就怎么也装不下了。

这个课件的寓意大概是我们应该优先处理紧急重要的事情，大块的石头通常表示需要花时间去处理的重要事情，而沙子则表示琐碎但是又非常多的小事情。琐碎的小事情总是不断出现，如果我们总是优先处理这些小事情，那么大事情就会总被中断，就意味着对自己更重要的事情总得不到处理，因此你的罐子总也装不回去。

当我们拥有整块时间的时候应该做什么呢？这里所谓的整块时间可能至少要半个小时以上。在这里我的建议是如果你是个工作者，那么上班时整块的时间就去处理那些需要费精力、花时间、紧急重要的工作任务，如果是学生那自然是静下心来学习。非工作和学习的情况下，整块时间还可以用来锻炼身体、阅读写作或是休息娱乐。

有的人工作的时候还不停地刷朋友圈，或是在跟朋友聚会的时候还不停地处理工作上的事情，这种就属于工作效率不高，玩也没玩好。随着移动互联网的发展，我们几乎已经被手机绑架了，即使跟朋友聚餐也是各自玩各自的手机，总怕会错过什么。我们要为自己创造尽可能多的整块时间，然后处理那些对我们更有意义的事情。

什么是碎片化时间呢？可以说碎片时间充斥着我们生活的每一天，比如排队的时间，等车的时间，公交、地铁、的士上的时间，上厕所的时间，等等。这些时候我们可能并不能去处理很复杂的事情，而且时间通常也不会特别长，所以自然可以做些简单的事情。我把理财也视为简单的事情之一，完全可以利用这些碎片时间，特别是当你用手机就可以理财的时候，这就是"指尖理财"的目的。

比如我们经常说要记账，用随手记 App 记账肯定可以随时随地进行，而不需要一个特定的整块时间；比如我们要买一些理财产品，转账、还款、缴费等事情，在手机 App 上进行一些简单的操作就能完成；还有获取一些理财知识、资讯用这些碎片时间就足够了。

当然，并不排除一些很复杂的理财知识，需要研究和学习，这又是另外的维度了，这就要看理财是不是你每天生活中的"大石块"。如果你有很多资产需要打理，通过打理这些资产获得的增值收入已经超越你的正式工作，你每天主要的工作并不是上下班、学习，那么这个时候理财反而要用整块的时间了。我有一个朋友就是每天在五星级的酒店房间里研究股票和投资。

回到"你该花多少时间理财"这个问题上来，相信你们也有了自己的判断。

3. 做好这些基础准备，理财的路上更轻松

如果你之前没有做过任何理财的工作，每个月挣的工资除去花销之后余额就躺在工资卡上，那么就可以从这一节开始一些基础的理财准备。

　　首先自然是你的工资卡。有些公司在你入职前可能会特别要求办某个银行的借记卡作为工资卡，这样的话可能选择不多。工资基本上是大多数人收入的主要来源，所以工资卡也是比较合适的基础理财银行卡，至少要开通网上银行、手机银行这些功能。如果公司要求的工资卡所属银行办业务不方便，比如网点不多、离家较远、ATM 不好找等，也可以再专门办一个对自己方便的银行卡，同时还可以跟社保、公积金之类的功能结合起来。

　　借记卡也不宜过多，多了也会浪费精力，需要管理，有的可能还要收取管理费，没有什么必要，所以不妨先从工资卡加一张社保金融卡开始。我们可能需要缴纳宽带、手机话费、物业费、水电气、房贷、保险等费用，都可以跟工资卡绑定起来自动扣费。我个人是用招商银行的金葵花卡作为工资卡，这样可以免年费；还有一张招行的金融社保卡和一张建行的公积金卡。

　　其次是信用卡。关于信用卡在前面的章节有了一些介绍，从理财和方便性的角度来看是利远大于弊，后面还会再单独开辟一章专门介绍信用卡的一些使用技巧和注意事项。如果你还没有信用卡，可以根据自己的消费习惯先办一张，优先办跟工资卡同一银行的，并且设置关联还款，这样可以免年费。

信用卡也不宜多，可以先办一张用起来，不要贪图办卡礼物或是因为各种宣传功能而办了很多。平时消费时，只要能刷卡的地方全部刷卡，包括网络购物。我的信用卡也不多，只有两张，一张是招行的白金卡，跟工资卡关联还款，一张也是招行的白金全币卡用于境外消费。

其次是开通支付宝、微信支付这些网络支付方式，跟自己的信用卡关联起来。现在几乎所有的电商都可以通过网络支付，并且是从信用卡中扣款。甚至一些商店如 7-11 便利店可以支付宝支付，超市如家乐福可以用微信支付，KFC 也可以用支付宝支付，还有打车、团购、各类 O2O 的服务都能通过支付宝或微信支付。基本上我们需要用现金的时候越来越少，银行卡和信用卡也是跟这些网络支付绑定的，有时候拿着一个手机，都不用带钱包也能顺利购物和消费。支付宝对应的余额宝，微信对应的理财通都具有理财的功能，后面会做更为详细的介绍。

最后是熟悉一些 App 的使用。刚开始可以从自己拥有的借记卡、信用卡对应的银行 App 开始，配合随手记这样的记账 App。然后再下载一些理财专用的 App，如 P2P 网贷相关的 App。这一章节并不会详细介绍各种 P2P 的 App，作为准备阶段先推荐一款叫"草根钱包"的 App，大家可以初步了解一下，可以不用先投资，根据 App 上的引导走一遍注册流程即可。

　　至此，开始实际理财的准备工作基本已经就绪，从最初章
节对理财的一些基本认识，以及对时间和精力的掌控，到这里
的各种基础理财工具的开通，你的理财生活将正式开始。

第七章
理财初起步

1. 真的要储蓄吗?

应该说最简单的理财大概就是储蓄了，每次发了工资，将一部分钱先存起来是非常基础的理财方式。这里要注意的就是先存钱再消费，而不是看一个月剩下多少再存起来。定期储蓄的利率越高就意味着储蓄的时间越长，那资金的流动性就很受限制，在需要急用的时候就不方便，或是损失很多利息。因此，即使是采用储蓄这种简单的理财方式，也要兼顾利率和资金的流动性。但是现在储蓄的利息实在太低，即便有大额存单的利率上浮，在收益上也不够吸引人，甚至可能还赶不上通货膨胀，因此我不建议大家通过储蓄的方式来理财。

储蓄的唯一好处可能是风险几乎没有，但是也不绝对，在前面理财思维里也已经介绍过将钱存在银行中的风险。当然，总体而言储蓄的风险还是比较低的，对于需要稳健的理财方式的人群可以尝试如下几种储蓄方法。

十二存单法：即每月将一笔存款以定期一年的方式存入银行中，坚持整整十二个月，从次年第一个月开始每个月都会有一张一年定期存单到期。存单到期时，可以再加上当月要存的钱再生成一张一年期的存单，如此往复。这样每个月都有存单到期，如果需要急用的钱基本也可以应付，相对灵活，同时又比活期存款利率高很多。

三十六存单法：第一年也是每月将一笔存款以定期一年的方式存入银行中，坚持整整十二个月。次年第一个月开始每个月都会有一张定期一年的存单到期，这时将到期的存单转存为三年定期，同时每个月继续将一笔存款以定期一年的方式存入银行。第三年第一个月开始，每个月也会有一张定期一年的存单到期，这时将到期的存单再转存为三年定期，同时每个月继续将一笔存款以定期一年的方式存入银行。第四年开始，同样每个月还是会有一张定期一年的存单到期，这时连同当月要存的钱一起转成一张定期三年的存单。第五年开始每个月都会有一个三年的定期存单到期。这种方式比十二存单法的利率更高，灵活性也不比它差。

六十存单法：和三十六存单法类似，第一年相同，每个月存一笔一年定期，第二年开始，到期的一年定期存单全部转为五年定期，同时继续每个月存一笔一年定期，第三年至第六年都采取同样的方式。到第七年开始，每个月都会有一张五年期存单到期。这是利率最大的做法。

需要注意的是，上面介绍的三十六存单法和六十存单法可能和你们之前了解的不太一样。网上有人介绍的三十六存单法，是第一年第一笔存单就是三年定期，一直坚持三年，第四年开始每个月都会有一笔三年期存单到期。六十存单法也是类似，也是第一年第一笔存单就是五年定期，一直坚持五年，从第六年开始每个月都会有一笔五年期存单到期。但是我发现虽然这样做在利率上是更大化了，但是从资金灵活性上显然有很多不足。所以我这里介绍的三十六存单法和六十存单法，保证了资金的灵活性并追求利率的最大化。

尽管如此，我还是不建议采用上述储蓄方式，主要还是从利率和资金的灵活性上考虑，毕竟对于刚开始理财的人来说可能动不动会遇到资金需求，定存储蓄的方式有时可能会耽误事。如果用于理财的资金不是很多的情况下，将其存入余额宝或是理财通也是不错的选择。虽然现在利率没有刚出来时高了，但是相对于银行一年的定期还是有优势，关键是资金非常灵活。作为"指尖理财"的初学者，这种简单的互联网理财方式一定要掌握。

在上一章中的理财准备工作中也让大家开通了支付宝和微

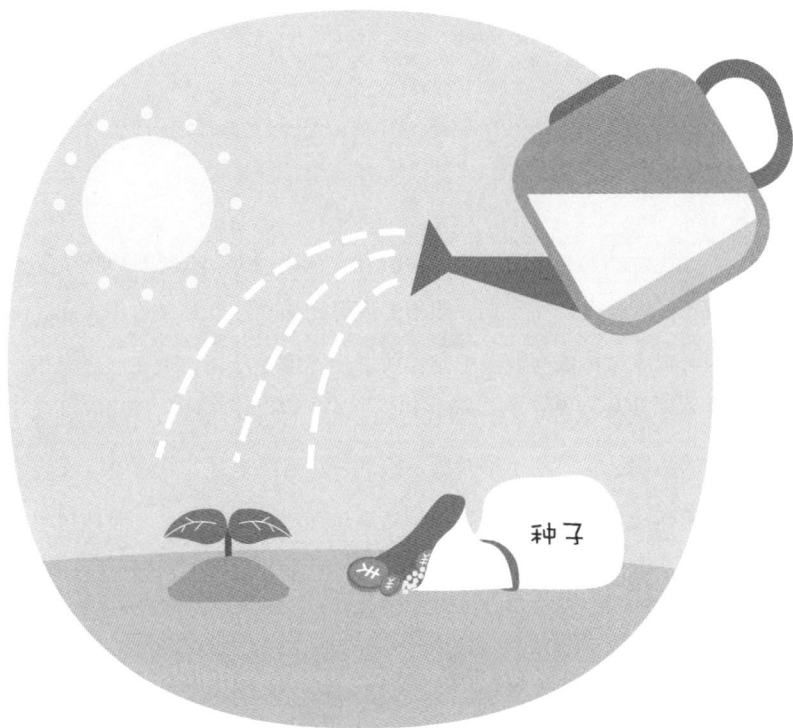

种子

€

理财不是发财，而是长久的生活方式，
适合每个人的理财方式会不同，
适合每个人不同阶段的理财方式也会不同。

信支付，通过支付宝和微信两个 App 可以轻松转账到余额宝和理财通中，这些钱可以轻松享受比银行储蓄更高的利率，同时提现、消费也非常方便。

2. 让零钱动起来

上一节已经介绍了一些储蓄的方法，但是储蓄的利率毕竟较低，即使是 5 年定期，跟很多理财产品相比其利率也不算高，同时资金灵活性有较多限制，所以推荐度并不高，现在已经有很多人不选择储蓄了。比如我自己，银行卡上可能只有 2000 元不到的活期，主要用于平时的一些话费、有线电视、物业费、保险等关联还款，工资和奖金我都是通过理财方式打理。平时钱包中的现金也比较少，可能就几百元，主要消费的支出都是通过信用卡或是手机支付，手机支付也是关联信用卡。

当然总会有急用钱的时候，所以还是有一部分资金需要考虑灵活性，这些钱可能少则三五千，多则一两万，这部分钱同样要考虑追求利率的最大化，单纯地躺在银行活期账户上是不明智的做法。现在有很多俗称"宝宝"类的理财方式，非常适合这些零钱的理财，因为它们的利率相对于活期高很多，同时灵活性也很好。

　　最先推出的是余额宝，相信很多经常使用淘宝购物的人都不陌生。首先要有支付宝 App，这在前面章节中已经让大家准备，支付宝 App 可以绑定信用卡和借记卡。每次淘宝购物都尽量走信用卡支付，平时的零钱可以充值到余额宝中享受相对于银行活期更高的利率。当有资金需要时，只要进行提取，几分钟到两个小时就可以到账，非常方便。支付宝 App 还有很多其他功能，诸如信用卡还款、转账、缴费等功能，也可以渐渐学会使用。

　　然后是微信理财通，只要经历了微信抢红包的人应该差不多都会使用理财通，至少知道绑定银行卡。同样，理财通也是可以绑定信用卡的，现在很多地方都可以用微信支付，比如打车、7-11 便利店、超市、网上购物等，也可以将理财通中默认支付的卡设置成信用卡，这样消费的账目都是优先刷信用卡。

　　理财通也是很好的理财工具，可以购买若干不同的货币基金、保险理财产品以及指数基金。如果是需要频繁提取的，可以买一些货币基金，它比银行活期利率高很多，提取到账时间也比较快。指数基金对于刚开始理财的人来说可以先不买，或是买少一点，因为指数基金和股市的涨跌密切相关，并不是保证增长的，可能跌很多，当然也可能涨很多。

　　支付宝和理财通的利率虽然比银行活期利率高很多，但是从最初 7% 左右的利率已经降到了如今的 2%～3% 了，相对于不少 P2P 活期理财产品已经没有什么优势，在这里我给大家推荐 3 款不错的 P2P 活期理财，既可以获得高收益，又可以享受活期的便利。

第一种是"51 人品"：活期收益可以达到 7%+，每个月有 8 次极速提现的机会，而且免手续费，是宝宝类的绝佳替代。第二种是"真融宝"：活期收益可以接近 7%，每个月有两次免费提现机会，一般半个小时内就会到账。第三种是"简理财"：活期收益可以接近 7%，没有提现限制，到账时间一般也是在半小时以内。大家可以结合自身的情况选择。（P2P 由于平台活动、利率调整等原因在收益和提现速度上会不定期变化，这里只是参考，具体以平台介绍为准。）

对于刚参加工作，或是刚开始工资不高的时候也不能忽视了理财，可以先学习打理自己的零钱，不要有多少花多少，或者让钱躺在银行卡的活期上。当零钱达到一定的数额后再拿出一部分来进行更高级一点的理财。虽然目前直接的收益可能并没有多少，但是自己的理财意识在提升，也能渐渐把钱存起来并有少量增值。

3. 新时代的互联网理财方式

上一节介绍了零钱应该怎么理财，它既需要考虑获得尽可能大的利率，又要兼顾灵活。假如通过一段时间的理财，资金达到几万，也有了足够的零钱，那么类似于这样的钱应该怎么打理呢？这一节将介绍一些关于 P2P 理财的 App，让大家通过手机就可以轻松投资 P2P 的理财产品。上一节的零钱理财中其实已经介绍了几款适合随时取现的 P2P 产品，本节介绍的是适合 1 个月至半年的短期 P2P 理财产品。

对于 P2P 理财，很多人是抱着怀疑的态度，特别是经常有新闻提到 P2P 的投资平台倒闭，老板携款逃跑等，让我们对 P2P 这种理财方式比较胆怯。其实这也是非常正常的，高额的回报意味着更高的风险，就像股票、黄金也可能跌得一塌糊涂，前一段时间的股灾甚至都逼得有人跳楼，连国家都在彻查是否有组织在背后投机，可见不是所有的投资方式都是稳赚不赔的。P2P 定期理财产品的利率一般是 8% ~ 15%（受投资时长、平台活动等因素影响），的确比一般银行的理财产品要高很多，这不得不让人怀疑投资的安全性。但是如果我们换个角度来看，P2P 平台其实只是一个中介，它收集你我手中闲散的资金，再贷款给需要的企业，这个本身和你将钱购买银行的理财产品，再由银行经过重重审批贷款给合格的企业道理是一样的。P2P 平台给企业的贷款利率和银行给企业的贷款利率可能是差不多的，只是银行效率低，层层盘剥，到我们储户这里获得的利益已经不高，而 P2P 则是一种效率更高的集资和贷款方式。银行的理财产品利率低，但是银行选择的贷款企业项目肯定是有很多审核标准从而能有效控制风险，防止坏账，银行本身也有实力赔偿，而 P2P 平台在这方面比银行自然要差一些。

随着社会的发展，以及 P2P 平台投资的规范性不断增强，相信风险也越来越少，所以 P2P 投资的重点不在于某个投资项目的利率，而在于这个平台的实力。针对于我们单个的投资个体，首先肯定不要将自己的理财资金全部放在一个 P2P 平台上，而是要分散到若干个 P2P 的平台上，就是我们常说的"不要把鸡蛋放在一个篮子里"，这样也能一定程度上降低投资的风险。下面就介绍几款 P2P 理财的 App，大家可以先尝试做一些投资。P2P 这种互联网金融也可能是以后我们普通人主流的理财方式。

第一个是"草根投资"，里面有一些 8% ~ 12% 不等的投资产品。新注册用户不妨试一下期限 12 天，年化利率为 10% 的新手投资项目，同时新用户都有 20 元的红包可以使用，不要忘记了（注意：每个阶段的活动可能不一样）。这款 App 每天可以提现一次，不需要手续费。应该说这是一款比较稳健的 P2P 平台，对于一些短期的理财产品，如 30 天左右的，利率只有 8% 左右，所以我一般在这个平台上投资得比较少，偶尔会使用"草根钱包"，也是一种零钱理财。和它类似的还有 PPmoney，这个 P2P 更为互联网化，可以组队理财，也有不少优惠券送，平台资质也不错。

再介绍一款 App 叫"铜掌柜理财"，它和"草根投资"是比较像的，但是利率要稍高一些，比如新注册用户可以投资期限 26 天、年化利率为 12% 的项目，同时配合新手红包，在收益上要高于"草根投资"。对于一般的投资项目，年化利率一般在 11% 左右，但是期限只需要 26 天。如果是"草根投资"的项目，利率在 11% 左右的，期限可能就要达到 180 天以上了，不太利于资金的周转。"铜掌柜理财"在提现方面也比较合理，2016 年 8 月 31 日前当日首笔提现免费。如果要提现更多笔，或是提现的是非投资金额（只是充值到账户并没有进行投资）则要收取 0.3% 的提现费用。

最后一款 App 叫"合时代金融"，相对于前面两款，它的利率是最高的，普遍的投资项目是 12%～15% 的年化利率，新注册用户第一次更可以投资期限 8 天、年化利率达 16% 的新手专享标。一般的投资项目期限都是 1 个月至半年不等。但是虽然利率高，"合时代金融"这个平台也会收取一些费用，比如每笔投资到期会收取 10% 的收益，如果提现则要收取提现金额的 0.18% 作为手续费。因此这个平台更适合循环投资，最好不要提现。我个人较多的闲置资金在这个平台，都是采取循环投标的方式。

注意：因为贷款利率是经常变动的，所以上面介绍的 P2P 平台各种产品的利率也会经常变动，而且各种节日还会有活动，所以实际的利率以当时平台规定的为准。同时，平台提现等各种费用政策也会根据平台发展和个人投资等级不断变化。

就我个人而言，我手头上始终没有很多的闲钱，一般如果有几万元的闲置资金我大概这样划分：有 5000 ～ 8000 元放在草根钱包中，或者上一节介绍的几个 P2P 平台活期账户中，有 1 ～ 2 万元则投资几个铜掌柜的 1 个月理财产品，然后剩下的钱都投资合时代里利率最高的项目，到期后继续连本带利投下一个项目。平时钱包里有几百元现金，银行活期有 1000 ～ 2000 元的存款，然后再配合信用卡消费。当钱不够时优先提取草根钱包中的零钱。对于不熟悉 P2P 的新手，也不要贸然找一个平台投入大量的钱，可以先试试我推荐的几个，投新手项目熟悉整个流程。

关于 P2P 平台的资质，我也很难预料到哪家是否倒闭跑路，这里面的因素太多，一般人不能提前知晓。所以正如前面所说，你想获得比银行理财产品更高的收益，又要门槛低（银行很多理财产品要 5 万元起），又要资金灵活，那么你就要承受一定的风险。大家可以关注两个微信公告号来粗略知晓平台资质，一是"P2P 观察"，二是"P2P 新鲜事"，都可以检索各类 P2P 平台的诸如等级、资金、团队、项目等情况，可以供投资前作参考。

再次强调一下，高收益意味着高风险，P2P 理财作为一种新兴的理财方式不可避免地存在一定的风险，投资之前一定要谨慎。

4. 基金和股票，风险总相伴

这一节想跟大家聊聊基金和股票，不过坦白说，我在这一块的投资并不多，因为我的大部分资金都在房产里，每个月的收入中有一半都用来还房贷，所以在基金和股票上的投资不是我的主要方向。基金和股票领域的投资知识比较复杂，所以这里只能做简单的介绍。作为刚开始学习理财的朋友，其实也不要眼红谁在基金和股票中赚了多少，就拿前一段时间的股灾来说，很多人都亏得血本无归。

基金我很早就购买过定投，那个时候还是用电脑在招商银行网上银行专业版上开户然后购买，每个月投入 500 ～ 1000元。大概持续了不到两年，后来因为要购买自己的第一套房产，所以都全部赎回了。因为投资的时间比较短，好像也没有赚到多少钱。对于基金来说，还是需要一个长期的投入，采取定投的好处就是当单价高的时候买的份额会少一些，当单价低的时候买的份额又会多一些。我们经常能看到一些基金的宣传都是依靠每个月几百元的持续投入和复利，几十年之后能达到几百万。所以如果你要选择购买基金，应该做好一个长期持续投资的打算，如果偶尔买一点，断断续续，频繁地申购赎回可能收益比前面介绍的 P2P 理财都要低很多。而且基金在申购和赎回的时候都要收取一定的手续费。

现在移动互联网发展起来了，基金的投资操作已经不需要PC 了，在手机上就可以完成各种操作。基本上每个银行的手机App 都可以基金开户，以及进行基金的挑选、申购和赎回，这也符合本书"指尖理财"的理念。以招商银行的手机 App 为例，在下方的工具栏中选择"财富"，然后在"全部产品"的标签页下就会有"基金"选项，进入后就可以搜索各种基金产品。如果没有开通理财账户，手机 App 也会指引开户，然后就可以进行基金的购买。

除了银行 App 可以购买基金外，一些专门的理财 App 也可以完成基金的购买，例如"京东钱包"App。进入这个 App 之后，在下方的工具栏中选择"理财"，然后在界面右上方就能看到"基金理财"，进入后就会有很多推荐的基金，包括这些基金的申购人数，最近一段时间的涨幅情况等信息。也可以进入"基金超市"中搜索更多的基金。应该说"京东钱包"App 里的基金投资体验要比银行 App 中的更好，而且手续费率更低。陆金所这样的 P2P 理财 App 也具备购买基金的功能，而且手续费率因有折扣而最低。

基金也有不同的种类，比如货币型基金和股票型基金。其实我们在支付宝的余额宝、微信理财通里的稳健理财专区里的基金都是货币型基金，这种类型的基金收益率较低一些，但是比较稳健，基本不会亏损。而股票型基金的涨幅则跟股市密切相关，基本上股市大盘指数上涨，股票基金就会涨，反之下跌。所以股票基金具有股票的特性，可能会涨很多也可能会跌很多。微信理财通中就有指数基金专区，可以购买指数基金，还有京东钱包中也可以买。但是在股市不稳定的情况下，最好不要投资太多。

基金还有老基金和新基金之分，刚发行的新基金有一定的建仓时间，即购买后在一段时间内不能赎回，这点也要特别注意。

股票需要更多的时间研究，要考虑的因素太多，单纯地利用碎片化时间来炒股可能不太合适。我的一些同事喜欢投资股票，花很多精力关注在股市上，上班时间也不停地关注或讨论，股市的涨涨跌跌也不停地影响着他们，这不太符合我理财的观念。可能稳健投资更适合大部分人，花太多精力影响了工作，而且又不能左右股市，得不偿失。当股市动荡的时候经常几乎所有的股票都跌停，而牛市的时候经常大面积地涨停，对于我们这些对股市了解不多的人来说，研究个股的意义都不大。股票虽然是很强大的理财工具，但是风险也很大，所以在你的理财资金配置上不应该占太大的比例。

　　同样，股票买卖也可以通过手机完成。这里推荐一款股票投资的 App，名字叫"牛股王"。股票投资需要开户，这个 App 有相关指引，足不出户就可以完成开户。牛股王 App 里可以关注一些股票，也会有一些牛人和他们所买的股票，当你想投资股票，又不知道买哪些股票的时候，不妨跟买。不过仍然要强调，股市有风险，投资需谨慎。牛股王 App 还有个好处就是你可以用虚拟资金来炒股，如果从来没有买过股票，没有研究过，就可以使用虚拟资金来投资，选一些股票看看自己的眼光。我用 100 万元的虚拟资金买了差不多十支股票，前一段股市动荡亏了近 40 万元。所以大家可以想象那些采用杠杆配资炒股的人，有些人倾家荡产真的不足为奇。

　　至此，本章介绍了很多基础的理财方式以及对应的 App，从储蓄、各种宝宝，到 P2P、基金和股票，应该说收益可能越来越高，但是风险也越来越大。定期的收入怎么投资，零钱怎么投资，不需要急用的钱怎么投资，相信大家基本都找到对应的方式，而且这些投资方式都是可以通过手机完成，指尖理财动起来。

第八章
刷信用卡的正确方式

1. 认识信用卡

在本书的前面章节对信用卡的相关内容就有所涉及，简单来说信用卡是一种重要的理财工具，拥有 1 ~ 3 张平时消费使用是合理的行为。有人因为惧怕控制不住自己的不理智消费而拒绝使用信用卡，有人自称卡神以卡养卡玩转几十张信用卡，在我看来都是两个极端，没有必要效仿。

在还没有信用卡的时候，你需要去办理一张信用卡，办理的方式比较多，可以去银行的网点填写材料办理，也可以在对应的银行网站上申请。我们有时上下班还会看到有些办理信用卡的摊点，如果当场填写资料申请办理还有礼物送，等等。办理信用卡一定要谨慎，不要轻易在没有保证的网站、摊点办理，否则身份信息可能会被盗用。

申请信用卡的操作同样可以在手机上完成，前面已经让大家开始用一些银行的 App，这些银行 App 都会有对应的信用卡申请入口。例如在招商银行 App 主页下方的"助手"页中就可以看到"我要办卡"的菜单项，进入后就会有各类办卡通道。

和办理银行卡不同，申请信用卡递交了材料后并不会立即得到卡片，而是对应银行的信用卡中心会对申请者的材料做一定的审核，审核通过后才会将卡片寄送给申请者。通常会审核申请者的年龄、工作、收入等信息，以判断该申请者的消费和还款能力，从而给予适合的初始额度。所以当审核通过申请者收到卡片时，也会知晓自己的信用卡额度。

"额度"是信用卡第一个关键知识，简单来说就是该张卡片可以刷多少钱。第一次拿到卡片时，如果没有进行开卡操作，那么这张卡也是不能立即去刷卡消费的。开卡操作并不复杂，可以打电话到对应的信用卡中心，根据语音提示，输入相关身份核实信息，一步步完成开卡。有一点要注意，信用卡是可以设置成刷卡消费时不输入密码的，对于刚开始用信用卡的人来说还是要设置密码，以防卡片丢失被人盗刷。在对应的银行 App 上也有信用卡开卡入口，操作起来更简单。

完成了开卡操作，就可以正式使用信用卡了，基本上以前可以刷银行卡的商户都可以刷信用卡，操作方式和刷银行卡基本相同。现在各种网上消费、移动互联网消费也非常普通，所以这些消费也同样可以走信用卡通道。假如你之前已经知道怎么用支付宝、微信支付这些第三方支付方式，那么可以在支付宝账号、微信钱包中绑定信用卡，并且默认走信用卡支付。还有些网上消费，也可以直接输入信用卡相关信息完成支付。

关于信用卡的消费，特别是网上消费，相关的内容也比较多，后续章节将会有更详细的介绍。对于还没有刷过信用卡的朋友，不妨先到一些实体商户、超市消费试用一下。

信用卡基础知识还有两个术语很重要，那就是"账单日"和"还款日"。信用卡并不是银行账户，不是每次消费都划走了账户里的余额，只是占用了额度，但是这些消费最终还是要还。"账单日"顾名思义就是生成账单的日期，之前刷的多笔信用卡费用，到了账单日就会汇总起来，形成一个账单。"账单日"并不是要立即还之前的消费金额，只是让你知道在后面到来的"还款日"需要还多少钱。因此到"还款日"，你就需要将"账单日"生成的账单金额还到信用卡中，还完之后信用卡的可用额度就会恢复。

还款方式有很多种，可以直接转账到信用卡账户中，也可以通过支付宝等第三方平台转账。还可以设置银行卡和信用卡关联还款，这样到还款日信用卡账户会自动从关联的银行卡账户划扣账单金额。

和"账单日""还款日"密切相关的一个术语就是"免息期",这是信用卡的一个重要特性。一般情况下"账单日"是一个月的月初,"还款日"是当月的月末。以我个人信用卡为例,我的账单日是每月 5 日,还款日是每月 23 日。那"免息期"是什么意思呢?假如我在 8 月 6 日刷了一笔 3000 元的消费,这笔钱我并不需要立即还,只是占用了信用卡中的 3000 元额度而已,到 9 月 5 日的账单日时这笔钱才会在账单中,而且到 9 月 5 日也不用还,一直要到 9 月 23 日还款日那天我才需要还这笔钱。那么 8 月 6 日 ~ 9 月 23 日这段时间都可以称为是"免息期"。所以这里有个小技巧就是账单日过了再消费就会获得尽可能长的免息期。假设你的账单日也是每月 5 日,有些大件家电、贵的电子产品、高价值的物品如果不是很急着买,就可以在 6 日那天买,网上消费也是同样的道理。

信用卡是个很方便的理财工具,平时生活消费也比较方便,甚至国外有些地方只支持信用卡支付,苹果手机的 App Store 也需要绑定信用卡,全世界这么多人都在用,相信你也可以用好。

2. 刷卡，不当剁手党

在本章第一节中已经介绍了信用卡的一些基础知识，办信用卡的目的主要就是消费，因此合理刷卡消费是使用信用卡的基础。最简单的信用卡消费行为自然是在实体商户那里，通过POS机刷卡。收银员在POS机上按出消费金额，你确认后给出信用卡，收银员刷卡，然后你在POS机上输入密码（没有设置刷卡输密码则没有这一步），然后POS机出单，你再次确认并签字，则整个消费过程就算结束了。

这里有一点要注意，那就是签字环节，有的人信用卡不设置刷卡输密码，那么签字就很重要。信用卡的背面都有一个签名栏，一般在开卡后需要签上自己的名字，而这个签名的笔迹也是收银员核对刷卡人是否是卡片拥有者的重要依据。如果别人捡到你的卡并盗刷，但是签字笔迹和信用卡上预留的笔迹差别较大，收银员有权核实刷卡者身份（如要求出示身份证）。同样，你的卡如果被盗刷，签字的不是你，也可以要求银行赔偿。

那是不是设置了刷卡输入密码，在所有的地方刷卡都要输入密码呢？有些卡片是可以境外使用的，在信用卡正面我们有时会看到"Visa"和"Master"的标志，那就表示这样的信用卡在境外可以使用，现在有"银联"标志的信用卡好像也可以（具体要看消费的商户是否支持）。在境外刷卡一般都是不需要输入密码的，收银员通常是核对签名，而且有时签名还是在一个手写板上用触笔写的电子签名。但是由于老外可能对中文签名不熟悉，他们也许要求你出示护照，核对护照上的姓名拼音和信用卡正面的姓名拼音是否一致。因此对于要出差海外，或是有国外旅行计划的朋友可以办理带有"Visa"或"Master"标志的信用卡，同时在境外刷卡的时候也随身携带自己的护照。

除了在购买物品的实体商户可以刷信用卡外，在酒店住宿、餐厅就餐、娱乐场所结账都可以刷信用卡。酒店入住时通常会被要求付押金，如果有信用卡，那就不用付现金，可以直接用信用卡给酒店预授权，离店结账时再取消即可。在欧洲的一些城市，坐计程车也可以刷信用卡。基本上能刷卡的地方会越来越多，支持信用卡消费的领域也会越来越多。

在实体商户的 POS 机上刷信用卡是最常用的刷卡方式，信用卡在网上消费也是越来越普遍和便捷。以一些电商网站为例，注册了账号后通常可以绑定信用卡，在该电商购物后结账，可以选择信用卡支付。前面已经介绍过诸如支付宝、微信钱包这样的第三方支付平台也可以绑定信用卡，那么能通过支付宝、微信钱包支付的电商也就可以刷你的信用卡了，而且不用每次输入信用卡的信息。

现在移动互联网很发达，所以衣食住行吃喝玩乐都可以通

信用卡不是你当剁手党的理由，

信用卡好处多，好好刷卡，就能好好生活。

过手机 App 来消费。比如打车可以用滴滴，网上购物可以用淘宝、京东，团购可以用美团，外卖可以用饿了么，还有很多 O2O 的服务 App，比如上门打扫卫生、做饭、维修家电等都可以在手机上完成，而且也可以通过信用卡完成支付。

有一些网站用信用卡结账时是要输入一些信用卡信息的，比如信用卡的到期时间，这个日期通常在信用卡的正面，还有信用卡的安全码，这个信息通常在信用卡背面签名栏那里，是一个 3 位数字。这个安全码非常重要，不能透露给其他人，否则极有可能被人在网上盗刷。

尽可能用信用卡消费至少有两个好处：一是享受免息期，特别是一些大件商品的购买，完全可以把本来要当时付的钱用来购买 30 ~ 40 天的理财产品；二是信用卡会每个月生成账单，如果绝大部分消费都能走信用卡，那么就会被记录下来，对于懒得记账的人来说也是天然的账目。

通常各大银行的各种信用卡都有自己的特殊优势，这个需要你在办卡前就要了解清楚。有的信用卡可以 10 元看电影，有的可以五折享受美食，有的可以超市购物返现，还有各种不定期的活动，不要为了消费而消费，但是消费前也要考虑怎么样最划算。

有的银行还会跟一些商户合作，比如苏宁、国美这样的，你去买大家电可以免手续费免利息分期，遇到这种情况一定要果断选择分期，这样就可以享受更长的免息期了。还有通过招商银行、工商银行的信用卡网站进入苹果专区，也可以免手续费免利息分期购买苹果的产品，如果你不方便去香港购买，那么通过这种方式也可以相对较划算地购买苹果电子产品。

　　对于分期消费需要手续费的情况要区别看待，一般情况下不建议分期，主要是因为信用卡分期的手续费还是比较高的。举个例子，招商银行12期的分期手续费率是每月0.66%，假设1万元分12期还，每个月的手续费就是66元，总共是792元的手续费，这样算好像全年的利率是7.92%，看似也不多。但是你还款的时候是按月还的，也就是说每个月要还833.33+66元，你会发现每个月的本金都在减少，但是手续费仍然是按照10000x0.66%这个额度交，哪怕最后一个月只剩下833.33元，你也是要交66元的手续费，那这个利率折算一下会达到14%左右（甚至提前还款也要交同样的手续费）！你可以想想有什么理财产品能超过这个利率？所以一般情况下不要分期，银行经常推荐你分期，因为它们要赚钱。如果你购买的理财产品不能超过分期的实际利率，那么尽量不要分期。

　　有时候银行会搞一些分期的活动，比如手续费折扣、送礼品、送积分等，这个时候可以考虑，因为你如果一点钱都不让银行赚，那么信用卡额度可能升得比较慢。当然，信用卡的额度也不是越高越好，因为会增加自己的负债比，有时候甚至会影响贷款。一般情况下信用卡的额度都是能覆盖平时的消费的，而且还可以提高临时额度来满足个别大额消费情况，所以不用刻意追求升额度。

也有人通过一些虚假消费将信用卡的额度刷出来，变成现金，俗称"套现"。然后用这些现金再去购买理财产品，到期后还了信用卡账单再循环。这是比较有风险的做法，会被银行监控、降额，甚至会记录不良信用，得不偿失。

平时遇到可以报销的场景要积极刷卡，比如公司的采购，购买大综的产品，预定机票酒店等，甚至买房付定金，如果额度够高甚至可以付首付，这些都可以刷，这样把原本的资金购买理财产品可以充分享受免息期带来的收益。不过有的银行会在你突然刷了大额的情况下锁卡，或是给你打电话核实是否是你自己在消费，这一点要留意。

信用卡的消费场景特别多，随着对信用卡消费的熟悉，每个人都会慢慢形成自己的刷卡习惯。合理利用信用卡消费是非常好的理财行为，但是也要量力而行，了解自己的还款能力，不要滥刷购买不必要的东西，坚持断舍离的高品质生活态度。

3. 按时还款，珍惜信用

信用卡可以让你享受较长的免息期，但是买的东西最终还是要付钱的。前面已经介绍了信用卡的账单日和还款日，账单日让你知道在还款日那天需要还多少钱，而还款日到的那天你就需要还钱了。

还款的方式也非常多，最麻烦的是去开卡行的柜台还款，也可以去 ATM 上还款，这两种还款方式都比较原始，自己还要跑来跑去，甚至要排队，耗时耗力，即使一个月就搞一次也不符合"指尖理财"的观点。所以比较简便的还款方式在手机上就可以操作。

第一种是通过银行 App 进行转账还款，只需要将还款的金额转账到信用卡账号即可，还款后信用卡额度会立即恢复，要尽量避免跨行转账，可能会有手续费而导致没有足额还款，也可能由于入账时间晚导致未能按期还款。如果要跨行还款怎么办？那就可以采取第二种还款方式了，即通过支付宝和微信钱包中的"信用卡还款"功能进行还款，这种方式就是用支付宝和微信钱包中绑定的银行卡余额来偿还信用卡。银行卡和信用卡不是相同的银行也没有关系，不会有手续费，但是这种还款因为存在一定的到账时间，还款后可能要等两个小时信用卡额度才会恢复。

以上两种方式都是需要在还款日到来时用手机操作，有时候可能忘记，因此这里再介绍第三种还款方式，那就是银行卡关联还款。这种还款方式在前面的章节也有所介绍，即将银行卡和信用卡关联起来，这样到还款日那天信用卡会自动从关联的银行卡中划扣当期账单金额。通常都是相同的银行卡和信用卡进行关联，如果你的信用卡是在银行柜台申请办理的，那么在办理时就可以让银行柜员帮你设置关联还款；如果是通过其他途径办理的信用卡，在收到卡后，完成开卡操作，然后打信用卡中心的电话，通过客服办理关联还款。在银行客户端 App 上也可以自行设置关联还款。

要注意的是如果设置了关联还款也不是安枕无忧，因为你要在还款日到来之前保证关联的银行卡账户有足够的余额，否则会导致自动还款不成功。因此建议可以把平时的工资卡，或是常用于理财的银行卡作为关联还款的账户。

不论采取哪种还款方式，最好都给自己设置一个提醒，既要清楚即将到来的还款日是哪天，也要知道自己还多少。我之前推荐大家不要持有超过 3 张以上的卡片，也是尽量避免几个账单日和还款日搞混乱了。

但是在长久的用卡过程中可能总会遇到不能及时还款的情况，可能是你忘记了，那应该怎么办？一旦有一次还款不及时，就极有可能出现信用卡还款"逾期"，如果情节严重就会出现信用问题，会被银行征信系统记录，其他银行也可以查到，会对以后办理贷款等事项有影响。

一般来说，在还款日即将到来的前三天有的银行会有短信提醒，加上自己设置的提醒，出现的几率可能不大。如果万一出现了，只要时间不是很久（三天以内）就立即足额还款，然后尽快致电信用卡中心，说明情况，一般只要之前的还款记录良好，有很大的几率不会被记为逾期。现在各行的信用卡在还款环节上也越来越人性化，考虑到用户可能有特殊情况，大多数银行规定只要在还款日之后三天以内还款都不会算逾期。

虽然你可能不会忘记还款，但是刚好还款日到来的期间里用于还当期账单的余额不足，短时间内也无法借到钱，这个时候要分三种情况。首先看看银行卡中的余额够不够还最低还款额。最低还款额可以在账单中查到，如果你之前都是正常用卡和还款，也没有预借现金（后面会介绍）等，通常是账单金额的10%。但是专业的算法是：最低还款额＝信用额度内未还消费款的10%＋预借现金交易款的100%＋前期最低还款额未还部分的100%＋超过信用额度消费款的100%＋费用和利息的100%。看着有点复杂，所以具体金额你要以当期账单上的最低还款金额为准。

情况一：你的银行卡上有最低还款额的金额，并且在未来的很短时间内可以全部还上，那么就先偿还最低还款额。只要还了最低还款额就不会算逾期，但是你账单中的所有金额将不能享受免息期，因此你后面还剩下的账单金额时就需要再加上利息。

情况二：你的银行卡上没有最低还款额的金额，但是未来三天内你就有钱全部还上，那么就先致电银行信用卡中心，先说明一下情况，延迟几天还款。提前报备，然后足额还款不会算逾期，也不会收利息。

情况三：当期的账单金额就是还不了，那就可以申请账单分期。你可以将整个账单进行分期，也可以将其中的一部分金额进行分期。选择分期的金额将会到下期账单日才需要还款。账单分期也有些讲究，前面也介绍了，账单分期其实算是银行给你的"高利贷"，是非常不划算的，尽量不分期、少分期。有时候不见得整个账单金额都可以全部分期的，这要看你之前信用卡的使用情况，因为可能当期账单金额中已经有了之前的分期消费，那么这些金额是不能再分期的。具体可以分期的金额你通过银行App来看，例如进入招商银行的"掌上生活"App，选择"卡.支付"的底部标签页，就能看到你当期要还的账单金额，然后再选择"账单分期"即可进入账单分期申请页面，在该页面下就可以知道你所能分期的最大金额，在分期最大金额内可以选择自己本次的分期金额，同时可以选择期数和查询每期手续费。

使用信用卡进行合理的刷卡消费，按时还款保持良好的信用记录，稳步提升信用额度是正确的用卡态度。不要随意听信一些所谓的用卡技巧，什么玩转多少张信用卡，什么以卡养卡，理财，刷卡买了几套房子，快升额度，等等，这些用卡行为要么花费很大精力，要么额外支付更多利息，要么存在风险，极有可能得不偿失。一定要记住，银行比你会算计。使用信用卡的主要目的是记录消费、享受免息期、方便生活、配合周转，一定要避免高危用卡行为而造成额外损失。

4. 信用卡还能这样用

信用卡购物可以享受免息期，这是刷信用卡消费和刷银行卡消费的不同。一些商户还会跟不同银行的信用卡有合作，比如大宗家电、电子产品甚至是汽车，可以免手续费和利息分期付款。前面虽然介绍平时尽量不要进行账单分期，那是针对需要付手续费或利息的分期付款，如果你购买的商品恰巧可以办理免手续费或利息的分期付款，那么就可以毫不犹豫地办理，这样可以享受更长的免息期，把现金用于购买其他理财产品。一些银行的信用卡网站或是 App 上会有信用卡商城，里面的商品一般也可以免手续费分期购买。

如果你是一家之主，自己的信用卡额度比较高，平时并不会出现额度不够的情况，那么可以办理附属卡。附属卡和主信用卡共享额度，也可以在主信用卡额度内给附属卡单独设置额度。家中如果有子女，或是父母需要用卡，也可以将附属卡设置额度后给他们用，然后到还款日由你统一关联还款。

信用卡的消费一般都会产生积分，但不是所有的商品都会有积分，在实体商户刷 POS 通常都有，但是买房时用于交定金、首付的钱是不算积分的，买车也不算。还有大部分信用卡网上购物基本上也不算积分，除非是一些特殊的卡片，比如平安银行的淘宝信用卡，这种卡在淘宝上购买东西也会有积分。各家银行的积分规则都不同，有的刷 1 元攒 1 分，有的刷 20 元才攒 1 分。积分的含金量也不同，有的几万积分才换个几块钱的东西。积分的有效期也会不同，有的银行信用卡积分会在一定时间内清零，有的则永久保留。

信用卡的积分最常用的就是兑换礼品、话费、抽奖等，有的信用卡积分可以兑换航空里程然后换机票，还有的积分可以用于参加文体活动、购买物品等。在前面说的信用卡商城里还可以"积分＋现金"的形式换购商品。更有一些商户诸如麦当劳、DQ、星巴克，还可以用一定的信用卡积分直接换套餐或饮品。各家信用卡为了吸引用户，都会有各种积分规则和活动，具体可查询对应信用卡的网站说明。一些临时的活动也可能会有短信提醒。

通过跟支付宝、微信钱包绑定，信用卡也可以进行生活类的缴费，诸如水电气、话费、购买车票等。我们有时会电话预定机票，也可以通过电话进行信用卡支付。这里再教大家一个小技巧，如果你是租房子，可以让房东在微店卖家版 App 销售一个虚拟商品，标上房租的价格，然后把商品链接通过微信发给你，这样你就可以用信用卡支付房租了。押金也可以通过这种方式支付。不知道这算不算合法，在我看来和支付酒店费用是相同的，至少你和房东的交易并不是虚假的，这样可以让你的资金得到周转或是解决燃眉之急。

还有一些信用卡在境外消费可能有各种活动，比如招行信用卡经常有非常美国、非常欧洲、非常香港等活动，会有 5% 的返现活动。在国外的机场或是 Outlets 可以领取优惠券，购买商品可以获得额外折扣和抵现。

信用卡还可以跟微信绑定，这样可以随时知道消费动态，信用卡关联的微信公共号也会及时通知优惠活动。信用卡的微信公共号中也会有很多信用卡信息的查询、办卡、开卡等操作，非常方便。

信用卡除了种类多，有不同特点，同时也会有等级之分。
如普通卡、金卡、白金卡、钻石卡、黑金卡等。等级越高，通
常额度也越高，享受的待遇也越高，但是年费也可能越高。例
如白金卡可以进入机场贵宾休息室，可以免费打高尔夫，可以
有免费年度体检等，各个行的优惠和活动会不一样，具体以信
用卡对应银行公布的信息为准。信用卡的等级并不是随意申请
的，普通卡和金卡相对容易办，一般白金卡就需要一定的资产，
或是在金卡的基础上由银行邀请办理。等级越高的，对申请者
的要求就越高。

这里也需要提一下年费，通常信用卡都有年费，根据卡片
等级的不同，年费也会不同。不同的卡片也会有减免年费的手段，
有的信用卡只要跟银行卡关联还款就可以免年费，有的一年刷 6
次就可以免年费，有的需要刷到一定的额度可以免年费，有的可
以用积分支付年费，有的可以首年免年费，当年刷够一定额度免
次年年费，还有的是银行理财资产达到一定数目免年费。如果你
不是很有钱，这些很轻易就能避免的费用要想办法避免，银行搞
这些花样也就是给你机会免年费。

信用卡的额度同样可以变成现金，你可以像用银行卡那样
到 ATM 上取款，取款的最大金额通常是额度的一半。这种情况
仅在临时需要钱急用才这样做，比如在海外需要急用外币现金的
时候。因为取现要支付一定比例的手续费，然后还要按天支付万

分之五的利息，其实非常不划算。因此，真的临时需要现金用信
用卡取现了一定要尽快还掉。

　　还有一种跟取现类似的用法，那就是通过信用卡 App 来预
借现金，这也是适用于需要急用现金的情况。与直接取现不同
的是，预借现金可以在手机上操作，从信用卡中预借的现金会
被转到关联的银行卡上。预借现金没有取现手续费，但是需要
分期偿还，偿还期数可以自己设定，期数越长每期的手续费率
越低。有点像账单分期还款，但是相同期数的手续费率比账单
分期稍高，其实就是相当于利用信用卡从银行那里获得了一笔
贷款，然后在信用卡每个还款日偿还每个月的还款和手续费。
单从利率的角度来说，和账单分期一样也是银行给你的高利贷，
一般也不建议。

　　通过整个信用卡章节的介绍，我们可以看到信用卡的作用
非常广泛，它已经进入到我们生活的方方面面，我们要充分利
用它的优势给自己的生活带来便利，相信随着使用时间的增长，
信用卡使用的技巧也会越来越高，会发现更多好处。合理使用
信用卡是理财生活的一部分，也是未来"无现金"消费生活模
式的基础。

5. 工资低，这样买 iPhone

如果你月薪只有 3000 元，国家都不需要你交税，所以你连纳税人都不是。我把一线城市中月入 3000 元的人归为"赤贫"族，我认为这类人需要的是"生存"和"提升"。如果你恰巧属于这类人，你真的要购买 6000 元的 iPhone 吗？

当然，即使月薪不够高，还是会有人想买一些比较贵重的物品，其实也是符合人之常情。很多刚入职场的女生省吃俭用就为了买一个 LV 的包包，道理也是一样的。

智能手机已经是生活的必需品，作为一个曾经的手机设计师和产品经理，我也不得不承认 iPhone 的体验是最好的，那么拥有一部这样的手机用于工作和生活也不能就说是很过分的愿望。

假如你现在是一名一线城市的赤贫族，存款为 0，每月 3000 元除去房租和生活开支之后只剩下区区三四百元，这种情况下该如何去买一部价值 6000 元的 iPhone 呢？你可以将购买 iPhone 作为一个阶段性的理财目标，实现这个理财目标的同时不能严重降低当前的生活水平。不可以每天吃馒头咸菜省下钱来购买，这样肯定得不偿失。基于这样的理财目标再来制定一个落地计划。

首先你要申请一张信用卡，我建议是招商银行或是工商银

第八章 刷信用卡的正确方式

126
—
127

行的，至于为什么要申请这两个银行的信用卡后面会解释。关于信用卡的好处，我在前面的章节中已经有详细说明。

如果你连信用卡都申请不下来，那表示银行对你的资质和还款能力都没有信心，你真的需要审视一下自己的情况，是不是连工作都不稳定？

有了信用卡后你的日常消费都要优先走信用卡支付，尽可能地留住工资，不是很紧急的消费放在账单日之后的日子。同时跟房东沟通你的房租缴纳时间，如果你是月初发工资，那就月末交房租，这样也是为了尽可能地将工资持有时间更长。

工资一发下来首先将其中的 10%～15% 购买 1 个月短期 P2P 理财（一般能达到 12% 左右的年化收益率），这笔钱进行循环投资，即一个月到期后再连本带利继续投。同时工资中剩下的钱存入活期 P2P（7% 左右的年化收益率）。即便是这样，由于本金并不多，其实也不能产生多少利息，如此做的目的更多是培养一种理财的意识。

到了还信用卡的日子、缴纳房租的日子都可以先支取活期 P2P 账户中的资金来还款。

每个月将 10%～15% 的工资购买短期 P2P 其实就可以看作

是一种强制储蓄，只是比银行存款可以获得更高的利率，因为比例比较小，基本上也不会影响当前的生活。通过这种方式持续5～6个月，至少有 2000 元以上的理财资金，同时配合一个月的工资和信用卡周转。

在这个阶段也可以考虑开源，毕竟剩余的工资还是很少，也不能靠理财获得很高的收益。如果有一些兼职收入那自然是最好不过的了，将兼职收入也加入到理财资金中去。至于节流就算了，再省就会影响生活质量了，毕竟已经是赤贫的状态。

当有了 2000 元以上的理财资金，这个时候再考虑购买iPhone 比较合适。很显然 2000 元是不够的，这笔钱只是作为自己的一个应急资金，并不是用来买手机的。只是让你通过这半年充分利用自己的工资，培养信用卡使用习惯，以及提升理财意识。

如果你担心自己选择的 P2P 平台跑路，那么也可以选择余额宝、理财通等一些货币基金的方式。其实也不用过于担心自己碰到不良的 P2P 平台，因为你是赤贫族，也没什么可损失的。

至于买 iPhone，你仍然是要通过信用卡来买。为什么之前让你办理招商银行或是工商银行的信用卡呢？因为这两个银行的网站上有苹果产品的专区，可以通过信用卡进行 24 期免息分期购买 iPhone，这样一个月也就是花费 250 元，并不会严重影响你的生活。同时你手头还有 2000 多元的应急资金，即使在你偶尔有其他支出的情况下也不至于无法还款造成信用问题。

当然你可以在信用卡一办下来就去买，可是你每月的工资剩余并不多，这样显然会比较被动，所以不如多忍耐一段时间等有一定基础再分期购买。

还有一种方式就是等更长的时间，先通过理财使自己手头上有 8000 元再想着去买 iPhone。这个时候不一定通过信用卡分期购买，可以是以充 6000 元话费 0 元购 iPhone 的形式。我个人觉得这种形式比较划算，可以把生活费中的手机费省下来。等到 6000 元的话费用完再换一个便宜点的套餐就行了。

不管何种方式，你都要保证手头上有至少 2000 元的理财资金，这样才能相对从容地使用着 iPhone。如果你由于购买了 iPhone 要每个月提心吊胆地生活，那么还不如不买。

第九章
有钱还是要买房

1. 做个精明的买家

很多人将买房作为自己理财的一个重要目标，因为大部分中国人都觉得有了自己的房子才会有家的感觉，可以购置自己喜欢的东西，可以按照自己的想法装修，可以不用经常搬家或是处理刁蛮房东的关系。对于大部分人来说，房子还是属于一项比较大的支出，并且还涉及到长年累月地还房贷，一不小心就成了房奴。买房其实是个比较复杂的事情，每个人的情况都会不同，所以在买房前肯定要思考周全，以免买了之后有比较多的烦恼。

首先要考虑的是买房还是继续租房？对于三四线城市的工作者来说，通常就是在家所在的地方工作，一般都有房子，租房的情况应该比较少，一般买房可能是为了结婚，或者改善住房。

对于这种情况，要考虑将来会有多少套房产，因为双方的父母可能离得很近，现在独生子女也比较多，父母的房子将来可能都会留下来，所以是否要持有多套房产？由于多套房产可能意味着后面的房产税也会比较多，特别是三四线城市的月收入并不高，是还房贷、交房产税，还是更好地生活，或是给子女存储教育基金等都要考虑清楚，毕竟睡觉也就是一间屋子一张床。

还有一种情况就是目前所居住的地方短时间内会不会拆迁？如果拆迁可能又会有不少房产补偿，这样手头上的房子是不是又多了不少？三四线城市的房产上涨潜力相对比较小，存量多，购买二手房的人少，这也意味着以后的多套房产可能难再卖出去。如果仅仅是为了改善居住，是不是对现有房子进行翻修和装潢也能达到目的？

如果你是从其他地方来到非家乡所在的三四线城市工作，可能是租房，这个时候要考虑的是你会不会长久在这里安居乐业，如果有很大的可能会走，买房的必要性就不大。因为一方面后面转卖时已经是二手房，而三四线城市由于房子存量多可能大家更愿意买新房；另一方面如果你要到另外的城市再购房，由于已经买了一套，再买属于第二套，那么第一套房的各种优惠政策、贷款利率折扣可能就享受不到了。以上都属于在三四线城市想拥有自己房子的情况，如果只是为了投资房产，可能就要再考虑房子的升值潜力等。

对于一二线城市呢？情况会有些不同。一二线城市的工作者工资相对更高，房价也非常高，特别是一线城市的好地段，随便一套房子都要几百万，这意味着首付可能就要达到 100 多万元，每个月的还款也会有不少的压力。所以这个时候不少人还是会继续选择租房，但是每个月的房租也是不小的支出。

以我个人的判断，一二线城市的房价仍然会上涨，特别是一线城市的房价上涨空间会更大。如果你在一线城市工作，并且准备定居，有首付也有一定的还款能力，那么是可以考虑买房的。这样避免每年给房东缴纳很多租金，同时把房子也当作一项投资。

房贷时间虽然长，但是利率还是比较低，随着每年的通货膨胀增长，过了十几年后还是每个月还相同的月供，其实那个时候相同金额的购买力已经大不如前。也有一些人只是来到一二线城市打工，挣到钱之后再回老家，所以也可能是选择在一线城市租房工作，在老家买房。

当决定买房了，就要考虑买什么样的房子。是买一套小户型作为过渡，还是直接买到位？是买市内地段较好的房子，还是买郊区较大的房子？其实这个也是因人而异，当首付有限的时候，选择可能不会那么多。有的人是单身贵族，希望买离公司近一点的小户型，这样上班方便；有的人家庭是多口人，家里有车，可能需要大一点的户型，所以买远一点也无所谓。这不仅涉及到首付和房贷，更涉及到日常工作生活的时间成本，在本书的开始章节就强调过时间也是非常重要的资源。

在一线城市生活的人都知道，其实交通经常拥堵，特别是上下班的时间，如果再遇上个雨雪天气那堵车是非常厉害的。我有同事为了买大一点的房子，选择郊外，然后每天开车或是坐班车上下班的时间大概就需要 2～3 小时，这在我看来是无法接受的。

跟地段、户型相关的问题就是究竟买新房还是二手房了。这个选择在一线城市可能也不多，因为新房不是那么容易买到，关于怎么买新房会在后面详细介绍。很多人会觉得二手房比新房便宜，其实也不一定，因为二手房可能有比较高的税率，还有中介费等费用。一些成熟小区，如果有好的学位、配套设施、交通便利，那么二手房的价格也是非常高的。

当然买新房从心理上来讲是完全属于自己的，也可以自己选择装修风格等，二手房基本上可以直接入住，也可以省不少事。随着城市住宅用地的减少，新房可能会远离市区，二手房可能交通便利，这就需要根据自己家庭的情况综合判断了。

综上，买房之前你需要考虑的是自己是否一定要买房？是否有足够的首付和还贷能力？买市区的小户型还是买郊区的大户型？买一手房还是二手房？这些都是非常基础需要考虑的问题，可能还要再考虑是不是买学位房、地铁房，还有未来家庭成员的变化，工作地点可能的变化。作为家庭最重要的一项投资，一定要慎重考虑。

2. 一手房，水挺深

买房是个复杂的事情，有很多地方要跑，所以通过 App 不可能完成所有的事情，但是前期的选房、联系中介或购房中心、计算贷款都是可以用 App。这里推荐"安居客"App，可以选择要购房的城市，然后选择地区、价格、户型等条件来查看房源，比较方便。同时，这个 App 可以直接跟中介沟通，不需要留下电话号码，这样可以避免被频繁骚扰。还有两个实用的功能就是：一、可以设置关注的楼盘，有开盘、样板间开放等消息时会有提醒；二、计算每个月的房贷，可以设置总价和首付成数、公积金贷款、利率等相关信息。

买新房的自由度可能比较少，特别是在一线城市，新楼盘相对较少，同时位置、大小、价格又不一定适合自己。遇到适合的楼盘，价格也能承受，就要考虑出手了。然而热门的一手楼盘，即使有钱也不一定能买到。对于这样的楼盘一般需要"认筹"，即先交付定金，金额少则三五万，多则十几、二十万元，甚至更高。这笔钱可以刷信用卡，如果额度不够也可以一部分刷信用卡一部分刷银行卡，相关的刷卡小票、证明都要保留好。

对于火爆的楼盘，认筹的人数可能远远超过开盘时销售的房屋套数，这个时候如果没有内部关系就只能靠运气了。一般开发商会搞一个发布会，已经交了"认筹"的人才有资格进场，会给一个号码牌，然后进行抽号，抽中的人才有资格进入买房区选房。甚至在通往选房的路上就有人出高价购买你手中的号码牌！在选房区的销控屏幕上可以看到还有哪些房源，因为有一批人同时选房，因此一定要尽快选定，否则犹豫之间就被人选走了。这就是一线城市新房开盘火爆的现场，几百万的房子也是抢购一空。"日光盘"，甚至是"时光盘"也是屡见不鲜。当然不是所有城市的新楼盘都会遇到这种情况，在三四线城市可能选择就会多一些，购买时也可以更从容。

有些人觉得买房是自己住就用不考虑升值空间了，好像升值、贬值对自己没有什么影响，反正都是一样的交房贷，这种思想是不对的。任何时候买房都要考虑升值，短时间来看好像无所谓，但是生活是在变化的，谁也无法准确预料到以后的生活。

对于一二线城市的人来说，很有可能工作出现了调动，如果已经购买的房子造成了每天工作、生活的不便利，是不是要考虑再买一套？那就可能要把现有的这套卖掉。有的家庭甚至移民海外，国内的房产也可能要出售。对于三四线城市的人来说，虽然工作变动的可能性会小一些，但是会不会十几年、二十年后要随子女到另外的城市？因此买房无论是否定位于投资，都要考虑升值空间。有升值潜力的房子一般都是地段好（有成熟的商圈和配套设施）、交通便利（最好附近有地铁、公交站）、户型不是特别大（120 平以内，太大不好再次出售）、学位房（对于一线城市特别重要）。

一般买新房的手续相对来说比较简单，交完定金后等待开盘，开盘当天就可以办理选房手续，签订相关的合同，然后一定时间内完成首付和贷款的相关办理（以具体楼盘要求为准）。

新房一般会有各种折扣，比如开盘前认筹了可能会有折扣，或者认筹金额"3 万元抵 10 万元"这种情况，开盘当天顺利签约也可能有折扣，按时办理完贷款也会有折扣，如果全额付款通常也有折扣。这些折扣都不要放过，对于几百万元的房款，哪怕是 1% 的折扣都是好几万块。

在办理贷款前的至少两周时间内要按照相关要求准备各种证明和资料用于办理贷款，每家银行要求可能有所不同，每个家庭也会因为户口、婚姻状况、房产数量等情况需要准备不同的资料。为了能顺利办下贷款也要确认清楚，准备好所有的材料。

　　如何办理合适的贷款则需要慎重考虑，无论如何都优先使用公积金贷款，最理想的情况就是房款中除去缴纳首付的部分，其余全部用公积金贷款，这样能获得最低的贷款利率。如果房款比较高，公积金所能贷款的额度不够，那就考虑一部分公积金贷款和一部分商业贷款，这就是所谓的"组合贷"，这也是为了尽可能地降低贷款利率。但是公积金的政策基本上每个地区都不一样，所以在买房前一定要调查清楚，有的地方需要连续缴纳一定的月份，有的地方对第二套及以上的房产政策有限制。另外，还要核实自己家庭的公积金余额以及可贷款的额度，单身和夫妻双方可贷款的额度通常都是不一样的。有的楼盘不支持公积金贷款，或者有的人不符合公积金贷款的条件，或者时间上不允许（办理公积金贷款通常要更长的时间），那就只能办理商业贷款。经过几轮降息，商业银行的房贷利率其实也非常低了。

　　不少银行为了吸引贷款可能会给出一些折扣，特别是家庭首套房产，在利率上会有一些折扣，或是银行的 VIP 客户也可能有额外的折扣（比如招商银行的金葵花卡持有者）。办理商业贷款，优先选择自己工资的发卡行，或者常用于理财支出的银行，但是如果别的银行有更好的利率折扣，只要自己符合条件也不妨选择。

　　前面已经介绍了如果将房屋交全款，楼盘的开发商会给予额外的总价折扣，一般可以达到 2% ~ 3%，对于 500 万元的房款，就可以减少 10 ~ 15 万元。如何争取到这笔优惠呢？一手楼的贷款还有一种"直客式"的贷款方式，即贷款时你找一个和你差不多经济水平的人做担保（一般需要是自己的同事、上司），银行则将房款直接给到开发商，这样你就可以享受房款总价的折扣。对于开发商来说可以最快回收房款，对于你个人来说获得较多优惠少贷款，对于银行来说贷款额度少了，担保多了一个人，风险降低。这是一个三赢的贷款方式，当然这就要看有没有人给你做担保了。

贷款完成后就要开始按月缴纳房贷了，关于贷款和还贷会专门再写一节介绍。一手楼盘有特殊性，有的是现房，有的则是期房，即办完相关手续也不能立即收房，具体的收房日期通常在合同上都会有约定，但是也要开始缴纳房贷了。所以买一手楼也要注意自己看中的楼盘是现房还是期房，如果要短时间内入住的买期房就不合适了，很可能要等上一年至两年！

新房还涉及到装修，有的新房直接带简装修或精装修，有的则是毛坯房，需要自己装修。对于自带装修的新房比较省事，适合投资，如果是现房，那么买下后就可以出租了。如果是毛坯房，还要提前准备装修款，找装修公司等，需要花费更多的精力。装修的话也推荐一个 App，叫"土巴兔"，是汪涵代言的，你可以根据自己房子所处的不同阶段准备装修的事情。

买房可能是一个家庭最大的一笔消费，

买房路上各种坑，但是没有风险就没有收益，有钱还是要买房。

新房还涉及到一个验收的过程，主要是看开发商交付的房屋是否符合质量标准，比如面积是否有缩水，墙壁、天花板是否有裂缝，电源、上下水是否有问题等。如果是带装修的要检查的内容则更多，因此最好带上专业人士协助你一起验房。"土巴兔"App 也可以给你安排人帮你验房。

收房后还要缴纳一些费用，这些费用可能会比较多，主要是维修基金，一般是房款总价的 2%，还有契税，一般是 1% ~ 3%，还有可能要提前交一部分物业管理费等。如果房款高达几百万，这笔钱也不是个小数目，需要提前准备好。

3. 二手房，水更深

二手房相对于一手房的选择可能会多一些，毕竟已有的房子比新盖的还是多一些，特别是在一二线城市，住宅用地越来越少的情况下，买二手房也是大多数人的选择。与购买一手房不同的是一手房通常是直接从开发商那里购买，而二手房则是在该房源对应的业主那里购买。二手房涉及到繁琐的交易流程，还经常会出现交易失败，甚至法律纠纷的情况，因此通常都需要一个中介协助你办完所有的手续。

　　和一手房购买的初期是一样的，买二手房也是要先选楼盘。由于二手房的选择会相对多一些，所以一定要多看一些房源再做选择。购买二手房之前也要考虑一下自己家庭的情况，是单身买个过渡户型，还是新婚夫妻即将要小孩，或是要跟父母同住，距离上班的地点交通是否方便，周边配套是否齐全，要不要学位房，等等。

　　购买二手房之前的选房过程分两个阶段，第一个阶段不用找中介，可以自己利用周末或晚上的时间先看一些小区。前面介绍了一个 App 叫"安居客"，可以先在这个 App 上按照一些条件搜索几个小区，然后利用某个集中的时间看看相隔距离较近的几个小区，甚至晚上下班时如果是坐地铁也可以在到家前面的几站看看有意向的小区。

　　一般安保条件好的小区不会让陌生人随便进入，这也没关系，可以看看小区周边环境，如吵不吵，房屋朝向，周边配套设施的情况，交通是否便利，环境是否干净等。每看一个小区，都要拍一些楼盘的照片以及周边环境的照片，并且做一些简单的记录，还可以自己打个分，不然看多了会忘记每个小区的优缺点。

　　大概看了十几个小区后基本上就可以选中五个左右比较有意向的小区了，这时就可以进入选房的第二个阶段，这个阶段通常要联系中介了。同样在"安居客"中选择自己有意向的小区，

App 中会列出该小区中一些在售的房源，每套房源一般也会有个经纪人，也就是中介，然后可以通过安居客先进行简单的文字交流，确认房源属实，并且由中介跟业主联系确定看房的时间。到看房的时间，在中介的带领下进入小区去看实际的房源。以上两个阶段也不一定就是串行操作，你也可以交错进行，到达某个小区如果觉得不错，可以立马看看有没有在售房源，然后看能不能联系到中介尽快看房。

二手房毕竟有人住过，所以在看房时也要仔细一些，房子的新旧程度、装修风格、房屋的朝向等，有时候可能会涉及重新装修。对于初看有意向的房源，如果有可能最好在不同的时间段再看看，白天要看采光，晚上要看看吵不吵，楼道照明，甚至看看周边邻居的情况（例如有没有养非常爱叫的大狗，垃圾有没有乱丢等）。如果有可能，还可以在下雨天气上门看看房屋是否漏水、潮湿等。总之，二手房多看总不会错，不然住进去之后又后悔当初没看好。

确定了几个有意向的小区，又看了一些实际的房源，确定了要买的房源后，就可以跟中介一起找业主签一个购买意向的协议，缴纳一笔定金。这个协议有一定约束作用，签了协议后，如果买方又反悔不想买了，那么业主是可以不退还定金的。如果业主后面不想卖了，那么买方则可以要求业主偿还双倍的定金。具体的协议内容由双方确认。前一段时间深圳房价疯涨，就出现好多业主毁约的情况，如果业主没有按照协议赔偿，可能就会出现法律纠纷了。

如果顺利，双方都确定正式进入交易阶段，那么买方就要开始办理贷款了。这里有一些情况要注意，就是当前购买的这套房源是否还在贷款中，如果还在贷款，就表示业主还没有将房贷还清。那么这个时候有两种处理方式，一是让业主提前还贷，撤销抵押，拿到房产证，然后再卖出。这就需要业主出钱提前还贷，可能还会有罚息，业主一般不一定愿意。因此就要采取第二种方式，那就是买方先找担保公司将房子赎出来，担保费一般都是由买方出，然后再到银行办理贷款，选择的银行最好和原业主贷款的银行相同，这样可以少交罚息。这些流程都会由中介指导办理。

同样，二手房的贷款也涉及到商业贷款和公积金贷款，也是优先用公积金贷款。贷款办理完成后，卖家就会收到房款，然后就可以办理过户手续了。过户手续办理时也涉及到缴纳契税等费用，可能也是一笔比较大的支出，要提前准备好。有的二手房，业主已经拿到房产证，即所谓的"红本在手"，这个在交易上会简单一些。还有些城市有限购政策，对于二手房交易不满两年的还要额外征收税费等，由于卖家的标价都是实收多少房款，因此这些税费一般也都是转嫁到买家头上，因此这些都要事先打听清楚。

二手房的交易还涉及到中介费，因为整个过程是由中介协助你完成的，给予中介费也是必要的。中介费通常是 1% ~ 3% 的房款，这笔钱有时也是个不小的数目，有的中介可能会给予一定的折扣，这要跟中介商量。有的人可能想跳过中介自己交易，除非是卖家跟你很熟，同时你对购房的整个流程也非常熟悉，否则还是建议由中介来处理，有时能避免不必要的麻烦。中介素质可能会良莠不齐，手中的房源也各有不同，建议还是选一些知名的大型中介，这样会有保障。

我们可以看到二手房在购买时除了要准备好首付外，可能还要额外准备担保费、银行罚息、中介费、税费等，过户时还要缴纳契税等（一手房可能会晚一点交）。当房款比较高的时候，这些钱也非常多，要预留差不多 10% ~ 15% 的房款资金用于支付这些费用。

买完房之后，切记要尽快将自己的户口转到所购买的房产下，这个自己到该房产所在地的派出所即可办理。有些业主虽然把房子卖给了你，但是他们的户口并没有迁走，有时候由于买方自己可能有当地户口（如集体户）觉得无所谓，不着急办理，但是很可能会吃亏。如果你买的是学位房，一定要及时提醒原业主将户口迁走，否则学位被人用了，你就欲哭无泪了。

我自己本人买的第一套房就是学位房，当时买下来之后因为是单身也没有急着将公司的集体户口迁入到购买的房产那里，等一年之后专门请假去办理转户口时才发现原业主一家居然还没有迁走！他们没有迁走，我就没有办法迁入。后面我联系了原业主，幸好他的电话没有变，但是他们一家居然已经去北京工作生活了。他们还想拖着不处理（因为在北京没有户口），我最后说如果一周之内不迁出，就让派出所强制迁出，让他们一家成为黑户。毕竟房产在我名下，后来他们还是找亲戚处理了，我才得以顺利将户口迁入自己的房产下。通过这个实际的例子也给大家提个醒，买完二手房一定要及时迁户口。

4. 贷款和还款，学问真不小

无论购买一手房还是二手房，只要不是全款买房，都要经历一个贷款的过程。房贷的利率几乎是所有商业贷款种类里最低的，因此即使有足够的钱，如果没有特殊原因需要全款买房都建议进行贷款买房。而且尽可能贷更高的成数，如三成首付，那就贷七成，尽量少付首付，并且尽可能地延长贷款时间，这样可以最大化地获得银行的资金。大家都知道从银行里搞到钱可不是容易的事情，对于这种低利率、长达 30 年的贷款一定要充分享受。贷款买房后将现金留下来购买理财产品，只要收益率是超过房贷都是更划算的。

有的人观念是全款买房，或是多付一些首付，这样每个月还款压力小，可以不当房奴。其实当房奴也没有什么不好，首先是每个月要还房贷，所以要合理规划自己的资产，保证收入，学习理财，这样能有效督促自己不懈怠；其次房贷可以抵御通货膨胀，其实也是一种有效的理财生活。贷款期限可以达到30年，大家可能觉得现在每个月还1万元的月供挺多，但是想象一下30年前的1万元，那个时候"万元户"已经不得了，而现在一线城市的应届毕业生工资都可以达到甚至超过1万元了，那么30年之后呢？30年前的1万元可能跟现在的100万差不多，30年后可能只值100元了，所以即使现在每个月的月供看似有点多，但从长远来看是很划算的。

以上的贷款建议适合每月有固定收入的家庭，当然每个家庭的情况不同，如果是没有稳定收入的家庭，贷款后可能会出现"断供"的，或是不会理财的，那么增加首付，甚至付全款买房，减少每个月的还款负担也可能是保险的方式。不过话又说回来，如果你的家庭都没有稳定的月收入，银行也是不会贷款给你的。

购房贷款也有很多讲究，前面也介绍了，如果家庭收入稳定，那么就尽可能多贷款，同时延长贷款时间。购房贷款也有一些优惠政策，那就是公积金贷款，用公积金贷款利率更低，这是国家给的优惠政策，一定不要放过。通常各地的公积金政策是不一样的，在买房前一定要调查清楚，即使不能全部使用公积金贷款，

也要尽可能使用"组合贷"。如果因为种种原因办不下来公积金
贷款，那么在办完商业银行贷款后，可以尽快办理公积金按月提
取用于偿还每月的月供，同时也可以把公积金的余额提取出来。
公积金的余额一般不能随便提取出来，有的人公积金余额高达好
几万，提取不出来只能算银行活期的利率，其实是非常吃亏的。
因此买了房子后一定要提取出来，将这笔钱用于购买理财产品会
更划算。

　　没有买房的情况下可以按照租房来提取，可以每个月提取
个人和公司缴纳总额的 50%，如果你在买房前就已经计划要用
公积金贷款了，那么要计算好余额。有的地方公积金能贷款的额
度是根据余额来确定的，比如深圳是公积金余额的 12 ~ 14 倍，
但是通常也有个上限，比如单人最高 50 万元，夫妻双方最高 90
万元。所以一方面要在买房前尽量保证公积金账户上有足够的余
额，一方面如果公积金余额所能贷款的额度已经接近上限，那么
就可以办理租房提取，这样既不会耽误公积金贷款也可以让每月
缴存的公积金发挥最大作用。

　　银行的购房贷款有两种常见的还款计算方式，一种是等额
本息还款，一种是等额本金还款。简单来说等额本息还款就是
每个月偿还相同的月供，从第一个月开始到贷款结束的最后一
个月缴纳的月供都相同；而等额本金还款则每个月偿还的月供
都不同，从第一个月开始到贷款结束的最后一个月缴纳的月供

逐月递减。如果是相同的贷款额度和相同的贷款时间，采用等额本息的方式要比等额本金的方式缴纳更多的利息，但是等额本金的还款方式在还款初期每个月的月供压力要更大一些。

那么如何选择适合自己的还款方式呢？如果你的家庭只准备买这套房，并不打算在未来几年再换新房，就可以选择等额本息的还款方式，因为前面介绍过几十年后月供已经不值钱，后面的月供越多其实越划算。如果你现在购买的房产只是过渡型，非常有可能在未来几年再购买第二套，那么就建议采用等额本金的还款方式。因为在你购买第二套时很有可能需要提前还完第一套的房贷，采用等额本金的形式可以减少利息的支出，相对划算一些。当然也要评估自己每个月的月供承受能力，有的房产贷款总额比较高，等额本金的还款方式也意味着开始几年的月供非常高。

之所以在购买第二套房产时要还完第一套房产的贷款主要是一些城市有限购政策，如果已经有一套房在贷款中，那么购买第二套房产时一方面需要支付高达六到七成的首付，同时贷款利率会上浮。第二套房一般比第一套房大，而且单价更高，所以还不如将第一套房产的贷款还掉再以三成首付来购买第二套房产。在"认贷不认房"的城市，第一套房产还清贷款，再购买第二套房时仍然可以享受购买首套房的相关优惠政策，比如二到三成首付，贷款利率折扣等。

　　有的家庭可能到年底发了一笔年终奖，少则几万元，多则几十万元，就会想着是不是要提前还房贷。看了前面的内容，相信大家已经明白，如果没有特殊情况（比如再买一套房子）是没有必要提前还房贷的。如果实在是没地方投资就想提前还款，也要先看看自己的房贷还了多久，如果还了超过贷款年限的一半，这种情况一定不要提前还，因为这个时候提前还也不会减少多少利息。如果才贷款不久，也要看看提前还贷是不是有罚息的情况，是不是等到没有罚息的时间再去还？铁了心要提前还贷，那也是尽量只还商业贷款的部分，公积金贷款绝对不要提前还，不如把现金随便买点理财产品。

　　还房贷有一点一定要注意，到了还款日要保证扣款的账户上有足够的资金，对于等额本金的还款方式由于每个月还款额不一样，要提前知晓当月需要还多少。如果没能按时还款，也会出现和信用卡逾期一样的信用问题，可能会对以后的贷款有影响。如果不是没有钱还，只是出现意外，一定要及时联系贷款的银行。如果真的出现断供的情况，也要及时联系贷款银行看有没有什么处理办法，一定要珍惜自己的信用，不要因为还款问题出现信用污点。这里建议贷款的银行尽可能选择自己的工资卡发卡行，还款日期尽量安排在发工资之后。如果做不到，就给自己设置一些定期的提醒，一般情况下，银行也会在还款日到来之前发给你短信提醒。

第十章
指尖上的理财生活

1. 你掌握自己的财务状况吗？

我发现身边不会理财的人大部分都是对自己的财务状况不了解，基本上只知道自己的工资是多少，但是如果细问一些内容，比如每个月公积金是多少，每个月支出中除了房租、贷款之外最大的消费项是什么，这些人通常都答不上来。这些人也有可能会购买一些理财产品、做一些投资，但是很多时候对是赚还是亏心里也没有底。所以理财的第一步就是要对自己的财务状况做梳理，清楚自己的家当，也要清楚自己每月的消费情况，这样才能针对自己的情况做合理的理财。这一步可能并不能使自己的资产增值，但却是理财的基础。

这是实战篇的最后一章，所以将带领大家对指尖上的理财生活做一次归纳总结。

在理财的准备工作章节里已经介绍了记账可以用随手记App，随时随地记账，了解每个月的消费情况。记账有时是个繁琐的工作，特别是有的人每天零碎的消费比较多的时候，非常有可能忘记，这里介绍几个简化记账的方式。很多人每天都会乘坐地铁或公交上下班，每次费用比较少，但是一个月下来也会有很多记录。其实频繁坐地铁和公交的情况，你一定也是有公交卡的，这个时候可以只记录充值的那次，比如某天充值了200元，那就当天记录交通费用200元，直到下次充值时再记录，这样就避免每天都记录。同理，如果平时在公司食堂吃饭，用充值的饭卡就餐也可以采取同样的方式。如果经常网上购物，比如在京东或淘宝上，也可以不用每买一次就记录，每个月统计一下电商上的订单总额再记录到随手记中。如果经常去超市购物，全部刷信用卡，然后到账单日记录一下上一个消费周期去超市的消费总额。

另外，还可以在每个月的同一天记录下当月所有的固定消费，比如房租、手机包月话费、有线电视费、网费、物业费，这些费用基本上固定，在一天全部入账即可。按照这样的记录方式，虽然在时间上可能不会特别精确，但是能记录下所有的消费，并且大大减少记账的频率，可以减少对记账的反感，很多时候我们主要是要知道每个月消费的情况和支出比例，对每一笔消费的精确时间并不需要那么关注。

了解自己的消费情况是一个重要了方面，另一个重要的方面就是清楚自己的各种资金、理财产品的情况。即使不理财，我们的资金也可能在不同的地方，比如不同的银行卡上、公积金账户、借给别人的钱。如果理财，我们的资金可能在余额宝、理财通里，在不同的 P2P 平台里，有不同的基金、有不同的股票、有不同的银行理财产品，这些资金每天产生的收益或盈亏可能都需要到不同的地方查询，没有一个总体的概念，让我们对自己的财务状况很难有个整体的把控。

比较幸运的是有人也发现了这个问题，并开发了对应的 App，在前面的章节也有介绍过，它叫"财鱼管家"。这款 App 可以帮助你记录并跟踪每一笔资产。你可以添加宝宝类的货币基金，可以添加不同的 P2P 网贷，不同的股票，不同的基金，银行理财产品、国债，住房公积金，银行卡活期余额，定期存款，甚至房贷、借款、信用卡消费，几乎囊括了所有的理财途径，还可以自定义特殊的理财。几乎每一项理财产品的涨跌都可以每天自动计算，银行卡、公积金、信用卡也可以通过授权获取余额和账单，并且有汇总的资产和每天盈亏额。有了这款 App，可以让你非常高效地管理资产，真的可以如本书名说的那样——财富尽在"掌"握。

对自己财务状况的了解很有必要，通过随手记账和分析消费，通过财鱼管家汇总所有资产，只要这两个 App 就可以随时随地对自己的财务了如指掌。如果你还没有开始理财，或者总觉

了解自己的财务状况，提升理财经验，
一部手机就能轻松搞定自己的理财生活。

得自己收入少无财可理，这两款 App 都可以帮你初步建立起理财意识，并逐步开始理财生活。

2. 不断提升理财经验

每个人不会一生下来就是理财高手或财商过人，一般都是从一个理财小白渐渐成长，可能一路走来还进了不少坑，交了不少学费。在某理财论坛跟网友的互动过程中的确遇到了不少理财小白，他们中有的人不结合自身情况给自己设定高不可攀的理财目标，有的人拥有较多资金却无所适从，有的人从事财会工作居然也入不敷出，还有的人总是懒于提升自己而又要追求财务自由。这些人有的是刚离开校园，有的已是不惑之年，有的在都市，有的在乡村，有的人收入颇高，有的人挣扎在温饱线，有的人初中毕业，有的人硕士学历，有的大龄单身，也有的已经生二胎，有的在家啃老，有的在外漂泊，有的房车齐全，有的负债累累，各行各业形形色色。有趣的是这么多不同的人聚到了一起来让我指点理财，也让我深刻体会到了什么是家家都有本难念的经。

理财经验值的提升在我看来就是跟玩游戏升级一样，最开始没有装备和技能，先赤手空拳打打小怪，慢慢升级学习武功，获得一些装备，然后再去打一些厉害的怪物，之后获得更好的装备和技能去打更大的 Boss。在整个过程中会受伤掉血，甚至挂掉回到原点。有时候你比较幸运，遇到好的师傅带你，他协助你打怪，你轻松获得经验，或者遇到关卡过不去的时候可以上网查攻略，减少自己试探摸索的时间。

理财也是如此，你还是小白的时候，既没有相关知识，也没有足够的资金就贸然去做一些自己不了解而且风险高的投资，就如同刚在游戏新手村里出来的小角色要去打 Boss 一样，肯定输得体无完肤。那应该怎么办呢？如果有师傅，即周围有同事、朋友很会理财，你就可以取经，而不用自己交学费，也可以通过论坛、公共号等途径查询攻略跳过理财路上的坑。

理财经验值的增长同样也是循序渐进，先从收益稍低但是稳健的简单理财产品开始，不断积累经验和资本，再渐渐增加一些收益高风险高的投资，并拓展到更多类型的理财项目中去。

理财知识可以逐渐积累，有的人突然意识到自己需要理财了，就广泛涉猎各种理财知识，逛各种论坛，订阅各种公共号，研究各种理财书籍，追随各种理财大咖，其实在我看来必要性不大。理财知识的获取可以用碎片化的时间，而且实践比理论更重要，先用少量的资金操作一些简单的理财方式比学习理论更有效果。理财是一种生活方式，所以也不能只关注购买理财产品，对于方便自己生活、提升自身能力都可以看作是一种理财。

　　这本书前面的章节也介绍了不少理财产品相关的 App，在方便生活方面首先推荐几乎每个人都会用的微信、支付宝 App。相关的介绍前面章节也有涉及，你要做的就是将以前需要外出办理的事情都尽可能转移到这两个 App 上，即使外出也要想办法将现金的交易转移到这两个 App 上。例如超市购物、7-11 付款、KFC 就餐是不是能通过微信、支付宝就把钱付了？钱包都不用掏。有时候坐车没零钱、归还临时借别人的钱、拿到付款的快递忘记带现金，这个时候其实都可以通过微信来支付。让收款方打开微信，在会话列表的右上角有个"＋"，点开后选择"收钱"，然后就可以设置金额并生成一个二维码。付款方用微信扫描这个二维码就可以付款，都不需要相互加好友。

　　微信和支付宝上可以购买火车票和机票，如果你经常需要购买大巴票，也可以试试"畅途网汽车票"App。如果要寄快递可以用"快递 100"App 查询附近的快递员并联系上门收单。相信每个人可能都会有一两个经常用而且方便自己生活的 App，我也始终觉得手机是为了方便我们生活，而不是占用我们的生活。我们要利用手机给生活带来的便利，而不是成天刷朋友圈、微博维持一些弱关系的无效社交，这样会耗费自己的精力，也不会有什么提升。

提升自己方面，每个人的行业、背景都不一样，所以并不能一概而论。理财是一种通用的知识，任何人都需要，但是它又是一种迭代相对较快的知识，所以不适合每天投入大量精力研究，理财知识通过碎片化时间学习，通过跟朋友交流心得，自己循序渐进地操作，培养自己的理财习惯即可。在随手记App 里的理财社区、豆瓣 App 中再订阅一些理财知识就能慢慢提升自己的理财经验。

理财经验的提升有个过程，不要追求三五个月就成为高手。比如早几年可能你根本不知道什么是宝宝类、P2P、比特币，而最近又出来了微众银行、蚂蚁金融、股权众筹，再过一段时间可能又会有新花样。更多的时间要放在本职工作上的提升，做好自己工作的同时还要了解周边职位的工作、上下游的工作以及上司的工作。

在论坛上有不少朋友问怎么提升英语，在这块我不是行家，但是也可以推荐两个 App 给大家，一个是"扇贝单词"App，可以用来记忆单词，另一个是"多说英语"App，适合提升听力和口语。这两个 App 都适合用碎片化的时间随时随地提升自己的基础英语能力。

每个人都要把不断提升自己作为一个持续的理财目标，这个理财目标的投入产出比更高，也是你理财经验提升的快速通道。

3. 财富增值的三个大招

让财富增值请牢记三点：一、充分掌握自己的财务状况；二、不断提升自身竞争力；三、选择适合自己的投资方式。在本章第一节让大家通过随手记 App 记账，通过财鱼管家 App 管理各项资金来掌握自己的财务状况，表面看并不能让财富直接增值，但是这些却是财富增值的基础。不断提升自身竞争力既可以从小处着手，利用碎片化时间学习理财，学习外语，学习如何快捷地生活，也可以在职场升值、成为某个领域的专家，这是创造更多财富的一种方式。对于已有的资产，如何让它们增值，那么就要选择适合自己的投资方式。

每个人的工作、生活状态并不同，有的人工作压力小，生活轻松，风险承受能力高，有的则相反，工作、学习繁忙，生活不易，风险承受能力低，所以在投资理财方式上也会不一样。

不少理财 App 在你购买风险较高的理财产品时都会事先让你做一个简单的测试，看一下你的风险承受能力，比如是保守型、稳健型还是激进型。保守型通常是指只接受风险为 0 的理财产品，收益低，但是本金绝对安全；稳健型通常是指能承受较少的风险，选择收益相对较高一些的理财产品，本金有一定风险但是比较小；激进型是指愿意承受较高风险，追求收益最大化，但是也可能会造成本金大量损失。如上所述，每个人家庭情况都不同，持有的理财本金数量也不同，所以在理财方式上也会有区别。

有一个相对通用的公式，那就是根据自己的年龄来确定自己高风险投资的比例。高风险的投资通常是指股票、期货、指数基金、贵重金属等，这些理财产品可能会带来可观的收益，也可能血本无归。这个公式就是"高风险投资比例 =（80- 年龄）%"。假设你有 10 万元的理财资金，那么 30 岁的时候可以拿出 50% 也就是 5 万元来做高风险投资，如果你是 60 岁，那么只能拿出 20% 也就是 2 万元来做高风险投资。这里的 10 万元理财资金其实只是一个假设，人在年轻的时候可用于理财的资产较少，高风险投资的比例虽然高一些，但是也亏不到哪里去，而且亏了还可以通过工作挣回来。当年纪大一些，资产数量会提升，这个时候高风险投资比例会降低，其实本金绝对值不一定低，只是相对于自己拥有的资产来说是安全一点，亏掉这部分本金，还有更多比例的资产通过其他稳健理财方式有增值，从而降低了亏损。

所以我们可以看到，在选择适合自己的理财方式上，首先要看自己风险的承受能力、家庭情况、个人收入以及所处的年龄阶段。上述的公式只是一种通用情况，只能作为参考，并不是具有绝对正确的指导意义。有可能你的年龄不大，但是家庭负担比较重，如有弟弟妹妹上学，父母身体不好，那么你也不适合开展较大比例的高风险投资；也有可能你的年龄较大，但是收入颇丰，有较好的福利，无后顾之忧，那么高风险投资的比例也不见得一定要特别保守。

除此之外还要看自己用于理财的时间和可投入的精力。高风险投资方式可能意味着你要持续保持关注，投入较多的时间和精力，但是如果你的工作和生活较为繁忙，那么即使你再年轻也不建议你荒废工作。前面的章节已经介绍了，在职场上提升自己才是最大的理财方式，刚入职场你都没有多少本金，投入大量时间精力去做高风险的投资，即使收益高也赚不了多少，反而让自己在工作上分心得不到专业领域的提升。

选择适合自己的理财方式才能让财富有效增值，否则投入了较多精力到最后才发现得不偿失。

下表对几种理财方式做了一些对比，大家可以根据自己的情况来选择。黑色五角星表示程度为1，白色五角星表示程度为0.5。各种理财方式每个维度的打分仅为投资参考。

理财方式	时间精力	本金风险	灵活性	收益率	操作方式
银行储蓄	★	★	★	★	银行 App
银行理财	★☆	★	★	★☆	银行 App
债券	★☆	★	★	★☆	银行 App
宝宝类	★	★	★★★★	★☆	支付宝 / 微信
P2P	★★	★★★	★★★	★★★	P2P 平台 App
基金	★★	★★★	★★	★★☆	银行 App 等
股票	★★★☆	★★★★★	★★	★★★★	股票 App 等
贵金属	★★★	★★★★	★★	★★★☆	银行 App 等
外汇	★★☆	★★☆	★★	★★	银行 App 等
期货	★★★	★★★★	★★★	★★★★	银行 App 等
艺术品	★★★★	★★★★★	★★★★★	★★★★☆	实物交易
天使投资	★★★★★	★★★★★	★★★★★	★★★★★	较为复杂
房地产	★★★	★	★	★★★★	较为复杂

下篇

案例分析

Part Three

第十一章
日常理财案例分析

1. 初入职场的小白

　　Tony，22 岁，是刚参加工作的应届毕业生，在一家建筑公司做设计助理，月薪 3000 元，年底双薪，每年有 1 次调薪机会，每次涨幅 15% ~ 20%。有一张信用卡，额度为 6000 元。平时住在亲戚家，不用交房租水电费，主要消费是日常饮食、交通、话费、衣服、休闲娱乐等。Tony 比较爱买衣服和玩游戏，经常花钱买衣服鞋帽和 PSV 的游戏，基本上存不了钱。

　　因为觉得自己的月薪比较少，加上在一线城市工作，认为不可能存下钱，处于无钱可理的状态，每月基本月光，所以也没有任何理财计划。其实 Tony 的这种情形比较常见，很多刚参加工作的毕业生都是差不多的水平，有的起薪可能高一些，但是要支付房租、水电等费用，最后也是每个月月光。针对这样的情况，要怎么理财？

刚参加工作的大学生，前 3 年通常不一定会有多少收入，的确存不下多少钱。理财并不是只和钱相关，所以这段时间对自己的投资尤为重要。

我给他制定了如下的计划：

1. 因为他是专科毕业，在一线城市到处是研究生的地方，学历是不够的，所以这 3 年应该通过自考获得本科学历，多学习自然就能减少不必要的消费；

2. 他目前的公司是外企，要努力提升自己的英语水平，在本科的考试科目中也有英语，因此英语要比其他科目投入更多，这样对以后也有更大的帮助；

3. 在公司的闲暇时间学习职业发展需要的各类软件；

4. 3 年后获得本科学历可以选择跳槽，工资预计可以提升到 7000 ~ 8000 元；

5. 培养理财意识，先用随手记 App 记录每天的消费；平时的各类生活消费都尽量使用信用卡，利用时间差，把有限的工资购买短期的 P2P 理财；每月强制存款 500 元；3 年理财目标是存下 5 万元；

6. 开始断舍离的生活，因为刚开始在新的城市工作，其实本身物品也不多，所以首先避免购买太多无用的东西。控制衣物鞋帽的购买，在需要更换的情况下再买新的。减少游戏的购买和游戏时间，已经购买的游戏在闲鱼 App 上出售。尽可能维持少的物品，减少精力消耗，减少在社交软件上的时间，将精力和时间多用在学习和提升自己上。

那么如何存下这 5 万元呢？如前所述，各类生活消费优先走信用卡，钱包中留有 500 元现金平时用。每个月发的 3000 元工资中的 500 元直接存入活期 P2P 中作为备用零钱（不需要及时取出用的），另外 500 元放在银行卡中活期，可作为一些手机费关联扣款，以及备用零钱（需要及时取出用的），剩下的 2000 元购买 1 个月左右的 P2P 理财产品。

将每个月消费控制在 1500 ~ 2000 元。下个月再发工资时继续存 500 元到活期 P2P 中，然后偿还上个月的信用卡，剩下的钱补足钱包中的零钱和银行卡活期，如果还有剩余继续购买 P2P 理财产品。

P2P 活期中有 2000 元的备用零钱即可，随着每个月的积

$

刚参加工作也好，在小县城生活也好，

收入不高也好，看看别人的理财案例总有收获。

攒，超过的部分继续购买 P2P 理财。P2P 理财的资金超过 5000
元之后，就可以转到中长期的 P2P 理财产品，比如 3 ~ 6 个月
的理财产品。

所以通过强制储蓄 + P2P 理财 + 工资的逐年提升，3 年可以
达到 5 万元的理财目标。当有 5 万元的资金，跳槽后的工资达到
7000 ~ 8000 元后，下个阶段的理财目标和方式就可以再调整，
比如 1 年后资产就达到 10 万元。总而言之，初入职场最主要是
投资自己，理财目标不要看资产绝对值，也不要觉得本金少理不
出多少钱，这个阶段是培养理财的意识，等以后工资多了，各类
资产多了，才能得心应手。

2. 辛苦劳作的县城小夫妻

张氏小夫妻高中毕业后一直生活在县城，已经工作了 10 年，
今年都是 28 岁。夫妻俩的月收入一共 7000 元，年收入总共约 8.5
万元，同时大概还有 7000 元的兼职收入。除此之外无其他收入，
也没有公积金。信用卡额度 8000 元，每个月消费总共约 2500 元。
不需要购房，家中有自建住房，还有一套小产权房在装修中。目
前有 3 万元资金存在余额宝中，但是 4 个月后要全部用于偿还装
修款。他们的理财目标是 3 年有 20 万元资金。

对于目前的情况，可以采取如下的方式：

1. 余额宝中留 1 万，配合信用卡，作为日常生活用，需要现金就从余额宝中提取，每个月工资到账后补足余额宝，并偿还信用卡即可。余额宝中的钱也可以放入活期 P2P 中；

2. 余额宝中的另外 2 万元，用于购买时间周期较长，利率较高的 P2P 理财产品，13% ~ 14% 收益的，3 年后可以达到 3 万元；

3. 目前每个月除去生活费还留有 4500 元，这 4500 元可以每个月都存入短期 P2P（持续约 4 个月），10% 的年化收益，到还债日和余额宝中的 1 万元，差不多有 3 万元用于结账；

4. 之后每个月的 4500 元，其中有 1500 元继续每个月存入活期 P2P 中，作为零钱备用，3000 元购买 12% ~ 13% 收益的 P2P 理财，持续半年；

5. 半年后活期 P2P 中已经达到 9000 元以上，零钱备用已经足够（配合信用卡日常生活消费），半年的 P2P 理财大概有 1.9 万元，之后每个月的 4500 元，其中 3000 元持续购买 13% ~ 14% 的 P2P 理财，1500 元购买风险稍高的指数基金，持续一年；

6. 一年之后，每个月持续购买的 P2P 理财资金总额大概达到 5 万元，指数基金约 2 万元（也有可能亏或是超过不少）；

7. 剩下的 14 个月，将 5 万元购买 15% 的 P2P 理财产品，每个月的 4500 元中拿出 2500 元继续买 15% 的 P2P 理财，另外 2000 元购买指数基金，最终大概能达到约 15 万元，加上最开始的 3 万元，以及活期 P2P 中的零钱 9000 元，和一些兼职收入，差不多可以达到 20 万元。

3 年内的变化可能比较多，上述的理财计划不能有大宗的消费，或是中断。还有指数基金不能亏太多。如果收入在 3 年内能有稳定提升，比如 8% ~ 10% 的提升，达到理财目标也相对容易一点。

3. 不会理财的女白领

Amy 是一线城市的单身女白领，26 岁，4 年工作经验，税后工资 9500 元，2 万元的年终奖。公积金每个月个人和公司总共缴存 2000 元。所在公司的工作比较稳定，但是每年工资增长幅度比较小，约 5% ~ 7% 的幅度。因为是单身，平时花销虽然比较大，一个月消费达 6000 元，但是工资收入尚可，所以一般不会月光。目前有 5 万元的存款，由于不会理财，这 5 万元就躺在银行的活期账户中。平时一般用现金和银行卡，没有申请过信用卡。

可以看出 Amy 是典型的理财小白，完全没有理财的概念，也没有任何理财目标。我让她开始学会指尖理财，并给她制定的理财计划是 3 年理财资产达到 36 万元。

具体方案如下：

1. 开始申请信用卡，预计额度有 2 万元，将信用卡绑定支付宝、微信，平时各类消费都开始用信用卡；

2. 用随手记 App 记账，开始断舍离，削减每月不必要的消费，减到每月 5500 元的开支。办理按月公积金租房提取，每月可以提取 1000 元，这样每个月剩余 5000 元，先存入活期 P2P 中作为备用零钱；超过 2 万元后的资金后再买更高收益的 P2P 理财产品或风险稍高的指数基金；

3. 5 万元活期存款全部购买年化收益 13%～15% 的中长期 P2P 理财产品；每年的年终奖 2 万元购买年化收益 11%～12% 的短期 P2P 理财产品。

具体每年的资金增长情况如下：

第一年：初始存款的 5 万元购买中长期 P2P 理财产品，期末总额达 5.75 万元；2 万元的零钱放在活期 P2P 中，2 万元的年终奖（刚发），4 万元的平时工资余额购买短期 P2P 理财产品，期末总额约 4.2 万元。总共资产约达到 14 万元；

第二年：10 万元用于购买中长期 P2P 理财产品，期末总额达 11.5 万元；2 万元的零钱继续放于活期 P2P 中，年化收益 7%，期末总额达 2.14 万元；2 万元购买指数基金，这个风险和收益都比较高，按照保守 10% 收益，期末总额达 2.2 万元（可能亏本，也可能远高于这个值），工资和年终奖都按照 5% 的比例增长，消费也有少量增长，所以还是按照工资剩余 5000 元，全部用于购买短期 P2P 理财，期末总额达 6.4 万元；2.1 万元的年终奖。总共资产达到约 24 万元；

第三年：20 万元用于购买中长期 P2P 理财产品，期末总额达 23 万元；2 万元的零钱继续放在活期 P2P 中，年化收益 7%，期末总额达 2.14 万元；2 万元购买指数基金，按照保守 10% 收益，期末总额达 2.2 万元；工资和年终奖继续按照 5% 的比例增长，工资余额 5500 元，全部用于购买短期 P2P 理财，期末总额达 7.06 万元；2.2 万元的年终奖。总共资产达到 36 万元以上。

上述的理财方案中有少量的指数基金，如果按照正负 50% 的收益来看，3 年后的总资产将在 35 ～ 38 万元之间，可以达到理财目标。

第十二章
买房理财案例分析

1. 中高收入单身白领的买房计划

戴先生，26岁，已经在深圳工作4年，刚刚跳槽到一家大型互联网公司做高级设计师，目前月薪税后1.25万元，年底有8万元奖金，每年涨薪幅度为15%～20%。每月公司和个人各缴纳公积金2100元，总共4200元，当前公积金账户余额为4.8万元。目前有存款30万元，由于不怎么会理财，全部放在活期中。有一张信用卡，额度为3万元。因为是单身，戴先生平日的消费也不高，每个月的消费大约只需4000元，其中包含1600元的房租。

可以看出戴先生的收入、福利还是不错的，而且目前这家公司有项特殊的福利，就是当工作满3年的员工购买自己的第一套房产时可以申请公司50万元的无息贷款，只需要6年还完。

因此我给戴先生设定的理财目标是 3 年后购置 500 万元的房产。目前深圳关内的房产价格是约 5 万元每平方米，3 年之后至少要按照 7 ～ 8 万元每平方米来算，所以 500 万元的房产也就是 60 ～ 70 平方米的两房。

戴先生的理财目标如何完成呢？

目标分解：至少三成首付 150 万元 + 30 万元（为其他费用：中介费、契税等），公司可提供 50 万元无息贷款，现有 30 万元存款，所以还有 100 万元缺口。

第一年：

1. 30 万元存款购买理财产品，其中 15 万元买银行基金（收益约 7%），15 万元买中长期 P2P 理财（收益约 14% ～ 15%），期末总收益 3.3 万元；

2. 办理租房公积金提取，可每月提取 2100 元公积金（租房可提取 50% 每月缴存的公积金），加上税后工资一共 1.46 万元，除去每月支出 4000 元和少量预留，每月有 1 万元用于理财，全部用来购买 P2P 中长期理财，期末剩余约 12.7 万元；

3. 优先使用信用卡用于平时消费支出；

4. 奖金 8 万元；

第一年可以攒下约 24 万元，以及每月预留 600 元，配合信用卡，还有 7000 多元用于回家探亲、人情等费用。

第二年：

1. 存款已经变为 54 万元，其中 24 万元买银行基金（收益约 7%），30 万元买中长期 P2P 理财（收益约 14% ~ 15%），期末收益 6 万元；

2. 按照 15% 的收入增长，公积金 + 税后工资约 1.68 万元，按照每月支出增长 30% 和少量预留，每月有 1.1 万元用于理财，全部用来购买中长期 P2P 理财，期末剩余 14 万元；

3. 奖金也按照 15% 增长，达到 9.2 万元；

第二年可以攒下约 29 万元，以及每月预留的 750 元，还有约 9000 ~ 10000 元用于回家探亲、人情等费用。

第三年：

1. 存款已经变为 83 万元，其中 33 万元买银行基金（收益约 7%），50 万元买中长期 P2P 理财（收益约 14% ~ 15%），期末收益 9.8 万元；

2. 按照 15% 的收入增长，公积金 + 税后工资约 1.93 万元，每月支出增长 30% 和少量预留，每月有 1.2 万元用于理财，全部用来购买中长期 P2P 理财，期末剩余 15.4 万元；

3. 奖金也按照 15% 增长，达到 10.6 万元；

第三年可以攒下约：35 万元，以及每月预留 750 元，还有约 1.5 ~ 1.8 万元用于回家探亲、人情等费用。

通过 3 年理财预计可以达到 24+29+35 = 98 万元，基本能完成目标。以上理财计划中基金的收益可能有上下波动，同时工资收入应该会超过 15%，还有些零星的费用可以节省或是再投入理财，只要不出现基金大幅度低于预期，问题不大。也可以激进一点调整基金和 P2P 理财的比例。

买房和还贷方案：按照 500 万元的房价，需要组合贷款 350 万元（30 年），其中 50 万元通过公积金贷款（深圳个人公积金只能贷到 50 万元），另外 300 万元通过商业贷款，按照目前基准利率每月需要还月供 1.9 万元。买房时税后工资约 1.9 万元（第 4 年的税后工资），公积金约 3000 元乘 2 全部提取用于还房贷，剩余约 6000 元生活费。此时已经不用付房租，配合信用卡，6000 元平时生活应该没问题。

$

无论何种原因需要购房，

无论何时需要购房，

任何时候都是要好好计划。

同时还有 50 万元的公司无息贷款需要按年还，每年需要还 8.4 万元，买房时公积金余额约 13.5 万元，在贷款办理完之后全部提取出来用于偿还第 1 年贷款，剩余的钱可以用于置办家居。第 2 年开始，就用每年的年终奖还公司贷款即可。购房时还预留了 30 万元，估计也不会花完，大概需要 20 ~ 24 万元，剩余的钱可以用于置办家居。

如果时间上配合得好，公司的无息贷款也可以按月还，这样提取的公积金余额可以继续理财，13.5 万元的公积金余额 + 买房预留剩余款项预计有 20 万元，每个月还公司约 7000 元，剩下的可以享受 12% 的收益率，应该更划算。

有的人可能会质疑说每个月的工资收入大部分都用来还房贷了，好像不太符合大家所熟知的房贷不能超过收入的 40% 这样类似的说法。但是我们要具体看一下戴先生的情况，他是在一线城市工作，工资收入、奖金、福利都是属于中上等，按照他目前的消费水平，4000 元就已经覆盖每个月租房在内所有的生活开支，那么 3 年后不用额外支付房租的情况下生活费达到 6000 多元也是仍然能保证生活质量的。

我们经常说每个月的房贷不能超过收入的多少比例，这其实要看这个人月收入能达到多少，如果月收入不高，自然房贷不能高，否则就不够生活了。但是像戴先生这种 3 年之后每个月

工资和福利可以达到 2.5 万元的人，他每个月一定要把自己 60%
的钱都用来生活吗？假如是一个月收入 5 万元的人，他每个月的
确只要消费 1 万元用于生活，剩下的钱用于投资理财都是合理
的，没有必要说强迫自己一定要花到 3 万元去生活才属于不会
降低生活质量。但是如果是一个收入只有 5000 元的人，平时每
个月消费要达到 3000 元，那么如果月供需要 3000 元，这种情
况就不合适了。总而言之，提高收入是最有效的理财方式。

2. 刚有宝宝家庭的买房计划

　　张先生年龄 28 岁，在三线城市工作，月收入 6500 元，年
底奖金 2 万元，收入每年的增长幅度为 10%。妻子刚刚生完孩
子全职在家带孩子没有收入，预计一年之后再参加工作，届时月
收入预计 4000 元。张先生每个月公司和个人的公积金缴存额为
700 元，目前公积金账上有余额 1.3 万元。信用卡额度是 2 万元，
家庭每月支出大概是 5000 元。

　　张先生有一定的理财意识，目前手上有 4 万元资金在中长
期 P2P 理财产品上，1.5 万元放在余额宝中，还有 1 万元零钱放
在活期 P2P 中，同时还有一笔 4.5 万元借给了他人。理财目标是
3 年内在老家买房，房产当前价格是在 53 万元左右。

从现状来看，当前家庭中只有张先生有收入，并且每月除去支出后剩余的部分比较少，随着小孩的长大，可能支出会逐渐增多。按照张先生收入的增长幅度，首先还是建议张先生的太太在一年后也开始工作，为家庭开源。

当前 53 万元左右的房产，预计 3 年后要至少按照 60 万元来规划，首付三成需要 18 万元。因此完成买房计划需要准备 18 ~ 20 万元的资金。针对张先生家庭的情况，我给出了两套买房方案。

方案一：3 年内购买 60 万元的房产。

理财建议：

1. 给妻子办理一张信用卡附属卡，平时生活开支尽量刷卡，配合活期 P2P 中的 1 万元和余额宝中的 1.5 万元用于平时的生活。每月工资偿还信用卡后的余额以及年底奖金都用来理财。工资余额可以购买基金定投，年底奖金可以购买年化收益 14% ~ 15% 的中长期 P2P 理财产品；

2. 借给他人的 4.5 万元如果没有利息应该尽快尝试收回，否则有可能会耽误后面买房的首付款。收回后也可以分散购买年化收益 10% ~ 12% 的中短期 P2P 理财产品；

3. 第二年妻子开始参加工作，同时张先生自己每年的收入有 10% 的提升，加上现有的资金和理财收入，3 年准备 20 万元完全没有问题；

4. 目前公积金余额是 1.3 万元，现在不需要提取，按照每个月 700 元的缴存，以及每年随工资的少量增长，还有妻子的公积金，3 年后预计能达到 4 万元。按照当地公积金的政策，可以在老家买房用公积金贷款，仍然按照三成首付，那么 60 万元的房产公积金贷款 42 万元。同时将公积金的余额办理一次性提取加上之前准备首付剩余的部分再配合信用卡，用于支付杂费、装修和购买家私；

5. 根据当前的利率，每月还款不到 1900 元，夫妻双方按月提取公积金还房贷，每月至少有 1200 元，这样工资中用于还房贷的部分只要 700 元，应该没有什么压力。

此方案比较稳妥，按照张先生的资产情况实现理财目标没有问题，后续还款也没有什么压力，但是缺点是 3 年后购房成本可能会增加，公积金的利用率稍低一些。

方案二：1.5 年内购买 55 万元的房产。

理财建议：

1. 1.5 年内估计房价不会涨太多，可以按照 55 万元计算，公积金贷款首套房只需要两成首付，即准备 11 万元即可。只要能要回借给别人的钱，加上 1.5 年的理财积累，张先生手头上的资金肯定足够；

2. 1.5 年后公积金的余额预计有 2.5 万元，妻子也可能有少量余额，按照 5000 元，这样夫妻可贷款额度如果是余额的 15 倍就是能贷 45 万元。55 万元的房产，除去 11 万元首付，只需要贷款 44 万元，公积金应该可以覆盖；

3. 每个月还款不到 2000 元，办理公积金按月提取还贷，夫妻双方预计至少有 1000 元，这样工资中用于还贷的部分也就是 1000 元不到，应该房贷压力也不大；

4. 1.5 年后张先生的月收入估计可以达到 8000 元，妻子预计 4000 元，假设生活消费增加 20%，也就是 6000 元，再除去 1000 元的房贷月供，还可以结余 5000 元。

此方案稍激进，风险是张先生要能顺利要回借款，太太能在一年后参加工作，同时用于杂费、装修的钱可能预留较少。但是这个方案可以充分利用公积金的贷款政策和余额，并且使房价的上涨预算降低，整体成本会小很多。

3. 不需要提前还房贷的案例

在四线城市工作了 9 年的李先生，今年 32 岁，月收入 7000 元（包含部分兼职收入），预计两年后升职收入可以达到 8000 元。目前公积金余额有 4 万元，每个月单位和个人各缴 800 元公积金。银行账户上有 5 万元活期存款，信用卡额度为 5 万元，平时每个月消费支出大概是 3500 元，包含 1300 元的房贷。李先生购买的房产还剩余约 20 万元贷款未还清，所以他给自己制定的理财目标是尽快还清房贷。

应该说李先生的收入水平在四线城市还是算不错的，每个月的开支也不算大，他希望通过提前还清房贷来进一步增加每个月收入结余。提前还清房贷，减轻每个月支出压力，这种想法非常常见，但是是否应该提前还房贷要因每个家庭的理财计划而异。

从李先生的家庭情况来看，没有充分利用公积金，如果将每个月的公积金利用起来，完全没有必要提前还贷。现在即使是商业贷款利率也已经非常低了，首套房还可能有利率折扣，公积金贷款利率则更低，而且极有可能再降息，很显然将提前还贷的资金用于理财更划算，况且按照李先生的收入水平还贷款毫无压力。李先生的公积金和银行存款都没有利用起来，因此建议其将理财目标改为 2 年现金资产达到 25 万元，或是存够第二套房的首付。

具体建议如下：

1. 办理房贷"商转公"，因为公积金余额有 4 万元，而房贷只剩下 20 万元，完全可以将商业贷款转成公积金贷款，这样可以进一步降低贷款利率并减少月供。同时办理公积金按月提取，用于支付月供，不需要额外从每月工资中支付房贷；

2. 办理完"商转公"之后，再将公积金余额 4 万元一次性提取，跟目前已有的存款 5 万元一起一共 9 万元购买一年期年化收益在 14% ～ 15% 的 P2P 理财产品，两年后可以达到约 12 万元；

3. 信用卡的额度比较高，所以平时各类消费优先走信用卡，原先每月工资消费 3500 元中含有 1300 元房贷支出，由于上述提取的公积金可以覆盖月供，所以第一年每个月工资将剩余 5000 元。第二年预计小孩长大，支出增加，可按照月支出上浮 50% 来计算，即达到 3000 元，但是由于工资也涨到 8000 元，因此仍然会剩余 5000 元；

4. 每月剩余的 5000 元，刚开始的 4 个月，每个月存 4000 元到活期 P2P 中，存够 2 万元作为日常生活备用金，年化利率为 7%，另外 1000 元用于基金定投，作为小孩的教育基金。从第 5 个月开始，剩余的 5000 元中拿出 3000 元购买年化收益 10% ～ 12% 的中短期 P2P 理财产品，1000 元继续进行基金定投，还有 1000

元可以购买风险较高的指数基金。

经过上述的理财方案，两年之后 1 年期的 P2P 理财产品资金达到 12 万元，短期 P2P 理财产品资金达到约 7 万元，活期 P2P 中生活备用金有 2 万元，同时定投基金有 2.4 万元（不含收益），指数基金有 2 万元（不含收益），理财资产将达到 25 ~ 30 万元。

当地的房价目前是 4000 元每平方米，按照 2 年后达到 5000 元每平方米，购买一个 90 平方米的三房大约需要 45 万元。李先生持有的资产肯定足够支付首付和其他费用。购买了第二套房之后将其中一套出租，租金和每个月多余的公积金（即按月提取的额度减去第一套房贷月供）差不多就可以覆盖第二套房产的月供了，完全不会有任何压力。即使不购置第二套房产也可以继续理财或是买车进一步提高生活水平。

4. 小夫妻如何购买第二套房

赵氏夫妇在三四线城市，双方总月收入约 1 万元，年底奖金 2 万元，工作比较稳定，提升空间不明确。目前家庭已经有一套房，还剩 10 年贷款，每个月月供为 2900 元；同时还有一辆车，也是贷款购买，车贷还有 2 年 10 个月，每个月月供为 3300 元，车子每个月的汽油等费用为 800 元。孩子刚上幼儿园，每个月开支为 1000 元，家庭月生活费约 2000 元。

赵先生比较有理财意识，每个月有 500 元的基金定投。家庭当前有 32 万元的理财资产，其中股票有 9 万元，各类 P2P 理财产品有 21 万元，同时在活期 P2P 草根钱包和百度百赚中有 2 万元。夫妻每人各有一张信用卡，额度总共 5 万元。

夫妻双方每个月公积金一共有 800 元，目前账户余额 9000 元，没有用过公积金。当地公积金买房贷款的政策是不按账户余额，按照年龄，他们可以贷款的额度是 40 万元。目前当地房价为 4800 元每平方米，赵氏夫妇的理财目标是 3 年买第二套房产，面积约 130 平方米，并且包含车库和装修相关费用。

从赵先生的家庭情况来看，应该说理财思路还是可以的，投资方式不单一，只是每个月的消费支出比较大，主要是还贷的部分（房贷＋车贷），按照月收入 1 万元，刚好全部支出了，还不包括每个月定投的 500 元基金，几乎处于入不敷出的状态。

因为他们有一定的资金，所以 3 年后首付没有问题，大致的规划建议如下：

1. 既然当地公积金的政策是贷款不按余额，而夫妻双方可以贷款 40 万元，所以可以先处理一下公积金。因为已经有了一套房子，所以可以办理提取余额 9000 元，然后每个月缴存的 800 元也按月提取出来，虽然不多，但是至少保证每个月有少量剩余，并覆盖了所有消费和基金定投的部分；

2. 因为家庭已经有一套房产，要咨询当地公积金管理处，再购买第二套房产的时候可否使用公积金贷款。如果不能公积金贷款，可以考虑将现在这一套房产的商业贷款转为公积金贷款。现在房贷利率很低，公积金贷款利率更低，没有必要尽快还完。如果第二套房产可以公积金贷款 40 万元，那么就采取第二套全部公积金贷款；

3. 目前的房价是 4800 元每平方米，三四线城市，3 年内房价可能不会上涨太多，但是要按照至少 10% 的增长幅度，即达到 5300 元每平方米，按照买 120 平方米的（这种大户型一般都会有赠送面积，一般能达到 130 平方米以上），总价约 64 万元，公积金可以贷款 40 万元，那意味着要准备 24 万元的首付；

4. 手头有 32 万元的理财资产，可以将股票减持到 4 万元（减少本金风险），25 万元购买中期 P2P 理财产品（保证 12% 左右的收益），活期 P2P 中留有 3 万元继续作为生活零钱备用，之前提取的 9000 元公积金也放入活期 P2P 中（由于家庭消费比较大，备用零钱要足够）。这些资金在 3 年后的总资产预计为：

42 ~ 46 万元（股票按照 – 50% ~ + 50% 的收益来计算）；

5. 每个月的工资基本完全消费了，只有少量的余额（公积金按月提取的部分），这个就当作孩子长大额外会增加的支出，每月消费都优先用信用卡。每年的 2 万元奖金全部购买 14% ~ 15% 收益的中长期 P2P 理财，每个月定投的 500 元基金仍然持续，作为孩子以后的教育基金，这笔理财不用动；

6. 在 3 年后买房前，手头上的资金大概是 50 万元左右，除去 24 万元首付，预留 4 万元杂费，还有 20 多万元用于装修和买车库。装修的费用也是优先刷信用卡，或是办理消费贷款（一些银行有专门针对装修的贷款）；

7. 买完第二套房后的每月支出：第一套房贷 2900 元，第二套房贷 1800 元（按照公积金贷款 40 万元，30 年计算），预计孩子支出增加 50% 到 1500 元，生活费和车费增加 25% 到 3500 元（现在是 2800 元），基金定投 500 元保持，总共是 1.02 万元。收入按照 3 年只增长 10% 来算，工资是 1.1 万元，公积金 800 元，然后由于并不需要同时住两套房，其中一套可以租出去，收入按照 1500 元每月。这样每个月有约 3000 元余额，年底还有 2.2 万元的年终奖，每年大概结余 5 ~ 6 万元。每月的余额优先存在活期 P2P 中存够 3 万元作为生活费备用，剩余的钱可以购买中长期 P2P 理财产品或是基金和少量股票。

第十三章
理财路上的那些坑

1. 你真的算不过银行

　　理财的路上自然绕不过银行，很多基础的理财方式都来自银行，但是银行并不会白白给你赚钱，银行自己也要赚钱，所以一般时候你是算不过银行的。

　　首先我们就来看储蓄。不会理财的人只会把自己的钱放在银行活期上，这个时候对于储户来说虽然资金很灵活，可以随时取款或转账、缴费，但是只能获得非常低的利率。所以有的人会将一部分资金转为定期储蓄，这样通过降低资金的流动性来获得比活期更高的利率。前面的章节已经介绍过一些兼顾资金流动性和收益的储蓄方式，但是随着现在理财方式的增多，已经不建议做大量的储蓄。

把钱以活期或定期的形式存入银行，银行肯定很高兴，这样它们就会有充足的资金去贷款给别人，简单来说银行在拿你的钱投资，它们赚得多，给你一点利息，这点上你就算不过银行。你的钱放在银行越久，其实越亏本，因为存款的利率可能还没有通货膨胀高。假设 100 元人民币现在可以买一袋大米，你存 5 年定期，到期后达到 120 元，但是 5 年之后 120 元可能已经买不到一袋大米。更可气的是现在银行也可以名正言顺地倒闭了，而且一旦倒闭最高只赔付给储户 50 万元！虽然中国的银行倒闭几率比较小，但是无论从收益率的角度还是从资金流动性、通货膨胀的角度都不建议往银行存太多钱，超过 50 万元更是建议放到不同的银行。

也有人说过穷人把钱存银行，让自己的钱不断贬值，而富人则不断从银行贷款欠债，让自己的资产不断增加。因为从银行贷出来的钱如果有合适的投资渠道，那么相当于借鸡生蛋。把钱存在银行，就是被银行借鸡生蛋了。

对于储蓄这个"坑"，要跳过很简单，用现在流行的"宝宝类"的互联网理财即可。当你需要考虑资金的灵活性，又要兼顾收益，那么余额宝、微信理财通、京东小金库等都可以考虑，这些"宝宝类"的互联网理财年化利率大约是 3%，已经跟银行的 1 年 ~ 3 年的存款利率相当，而且随存随取，可以 2 小时以内就到账，基本上不会影响资金的使用。

当然还可以进一步提高收益，选择一些活期 P2P，如 PP 理财 App 中的"日利宝"，草根投资 App 中的"草根钱包"，小牛在线 App 中的"活期牛"，还有真融宝、51 人品、简理财等，这样年化收益可以达到 6%～7.5%，资金的灵活度也不差，基本上是当天到账，有的可以及时到账。这些理财方式都是可以用手机操作，可以随时随地理财（具体可以看 P2P 章节的介绍）。

储蓄是银行的"坑"，应该来说还算是个非常小的坑，稍大一点的坑可能就是银行的理财产品了。银行理财产品虽然比储蓄收益要高，但是也要注意并不是没有坑。而且投资时间一般在 3 个月以上，在流动性上比储蓄还差，因为在投资期限内不能赎回，定期储蓄至少可以转为活期。

银行的理财产品会有一周的发售时间，这段时间也是没有收益的。一般情况下，银行理财产品需要一定的起投金额，通常是 5 万元起，这个不算坑，属于"槛"。在购买银行理财产品时还要特别注意，银行可能不会承诺保本，如下左图所示。同样，银行也不会承诺收益，这就意味着银行可以随时终止一款产品，同时你也就得不到预期的收益，如下右图所示。看到了吗？你是算不过银行的。

‹ 产品详情

招商银行招银进宝之睿享14期11号理财计划（代码⋯

预期收益率	期限	不保本型
5.50%	**94** 天	R3(平衡型)

停止发售

● ────────────── ● ─ ─ ─ ─ ●

产品起售　　　　销售截止　　　　产品到期
07-24　　　　　07-31　　　　　11-06

产品概览　　　　　　　　　　　　　　　　　 ›

购买说明　　　　　　　　　　　　　　　　　 ›

产品说明书　　　　　　　　　　　　　　　　 ›

风险揭示书　　　　　　　　　　　　　　　　 ›

产品详情

名称	招商银行招银进宝之睿享13期8号理财计划（代码：102305）
理财币种	人民币
本金及理财收益	本理财计划不保障本金且不保证理财收益。理财资金投资于信托计划，该信托计划主要投资于债券、货币市场以及其他固定收益类品种。**招商银行收到受托人扣除信托费用后分配的信托利益（如有，下同）**，再扣除理财计划相关费用后，剩余部分为投资者投资于本理财计划的投资收益。**本理财计划预期最高到期年化收益率为5.70%**，否则将根据信托计划项下资产组合实际变现情况，扣除理财计划的相关费用后，计算投资者应得本金（如有，下同）及收益（如有，下同），详细内容见以下"本金及理财收益"
理财期限	96天，但如发生招商银行提前终止或者理财计划延期的情况，理财期限随之变化
认购起点	1元人民币为1份，认购起点份额为100,000.00份，超过认购起点份额部分，应为10,000.00份的整数倍
提前终止	本理财计划有可能提前终止，详细内容见以下"**提前终止**"
申购/赎回	本理财计划成立后不开放申购与赎回
认购期	2015年5月25日10：00至2015年6月3日17：00。详细内容见以下"**理财计划认购**"
登记日	2015年6月4日为认购登记日，认购期内认购资金按活期利率计算利息，该部分利息不计入认购本金份额
成立日	2015年6月5日，理财计划自成立日起计算收益（如有，下同）
到期日	2015年9月9日，到期日如遇节假日不顺延。实际产品到期日受制于银行提前终止条款和延期条款
发行规模	本理财计划规模上限为5亿元人民币，规模下限为3亿元人民币。详细内容见以下"**理财计划认购**"
收益计算基础	实际理财天数/365
本金及理财收益支付	到期一次性支付。详细内容见以下"**本金及理财收益支付**"
销售费	销售费由银行收取，销售费率为0.30%/年
投资管理费	投资管理费由银行收取，投资管理费率为0.20%/年
收益计算单位	每10,000.00份为1个收益计算单位，每收益计算单位的理财收益以四舍五入的方式精确到小数点后2位
	认购登记日到成立日期间为认购清算期，到期日（或理财计划

我的	财富	生活	助手

银行给你较大的坑就是信用卡账单分期、预借现金和取现了。在关于信用卡的章节里也特别说明了信用卡本身是个好东西，就要看你怎么用了。首先银行支持你刷卡，这样你能获得免息期，同时银行可以从商户那里获取一定的手续费，在这点上可以说你和银行是利益相同的，甚至可以理解为利用了银行。但是当你享受了刷卡的好处，到还款日还不上，这个时候信用卡的第一个坑就出来了，那就是账单分期。账单分期分的期限越长，看似利率越低，但是银行从你那里获得的手续费总额越高。银行在这里精明地用"手续费率"代替了利率，让你觉得好像不是那么亏本，其实前面已经介绍过这就是一种高利贷。

信用卡在你需要现金的时候也提供了预借现金这种信用贷款方式，和账单分期有点类似，也是分期偿还，每期支付一定的手续费，通常费率比账单分期要高一些，因此也是一种高利贷。

信用卡还有一种功能就是 ATM 取现，这也是信用卡另外一个坑，一旦取现除了手续费之外还要按天缴纳利息，通常是万分之五，一个月就是 1.5%，年化利率就是 18%！但是我们知道国家发布的贷款利率还不到 6%，所以信用卡的这些坑也是银行挖给你的，不要轻易跳进去哦。

2. 借钱要慎重

俗话说得好，现在借钱的是孙子，还钱的是大爷，有时候钱借出去了没有利息不说，本金都可能很难要回来，所以当你借钱给别人时一定要慎重。但是换个立场，我们自己有时候也的确需要借钱急用，所以对于别人的借款请求也不能一概拒绝，最好是"救急不就穷"，同时绝对不能把钱借给一些赌徒之类的人。有时候很有可能曾经的朋友、同学、熟人、亲戚就给你挖了一个坑。

我自己在借钱方面就吃过亏。以前借给老家的一个朋友几千元，当时他找我说是开饭店当月没钱给员工发工资，找我借钱周转一下，我觉得是朋友就帮忙，直接转账给他，借条什么的都没有。那是很多年前，几千元差不多是我一个多月的工资。后来他的饭店倒闭，这笔钱也不了了之，我自己也不好意思要了。

还有一个不错的同学，去年跟我说他有好的项目可以投资，让我也入股，按照月利率 2% 每个月给我利息。这个同学在政府部门工作，家中也有银行的关系，而且他说自己都把房产抵押去投资了，我感觉收益很不错，也就毫不犹豫地投资了 30 万元。最开始的半年还是每个月给我 6000 元的利息，但是去年过年之后他就突然跟我说项目出现了问题，总之各种理由，现在已经一年多没再给过利息，而且还告诉我本金一时也拿不回了。

　　这也是我在本书前面说的，由于自己的轻信和贪心，对项目一无所知的情况下就投入大笔的资金，结果现在不仅收益没有保障，本金也有了风险。就是因为这笔投资本金一时收不回来，没法去买自己看中的一套房产，转而买了一套便宜的。如果这笔钱没有乱借贷给别人，我早在大半年前就已经买下第三套房产了。所以说本本分分理财很重要，不要贪图民间的高利贷，结果很可能得不偿失。

　　我有一个朋友更惨，因为是当地的公务员，他给一个熟人做贷款的担保人，结果那个人借款后消失了，而且还刷了他很多信用卡，结果我的朋友就只能自己一点点还账。这个经历也告诉我们，有时候熟人如果人品不怎么样，一定不能借太多钱给他，不如少借一点就当打水漂了。同时，信用卡一定不要乱借给别人刷，否则产生逾期有信用污点，就会给自己带来不少麻烦。现在这个朋友就因为信用卡逾期导致不能贷款买房了。

　　如果是我们自己找别人借钱呢？这有时候是个尴尬的事情，如果是急用，自己能很快还上，不妨利用信用卡。前面也介绍了，如果用信用卡预借现金、取现都是不划算的，是银行给你的坑，但是相对于低头求别人借钱，多花点手续费似乎也是可以承受的。当然如果有不错的朋友可以借，那就写好借条、收据等，并适当地给予利息，如果别人坚持不要利息可以给礼物，过年时发微信红包等。我在买第二套房时，当时既要提前还第一套房剩余的贷款，又要凑够第二套房的首付，不得已也是借了不少朋友的钱，但是我都是想尽各种办法在第一时间还清了每个人的钱。

　　有时候我们的确需要大笔的钱急用，朋友、亲戚也借不到，银行也可能要很长的周期或是苛刻的条件才能贷到款，那么这个时候有的人会想到找一些担保公司贷款。担保公司其实就是放高利贷的公司，不到万不得已一定不要贷，年利率可能会达到36% ~ 48%以上！国家对这种超过24%的民间贷款没有保障，所以担保公司在跟你签合同时也会把利率分成两部分，一部分是利息，一部分称为"咨询费"，这也是怕后续你不承认出现法律纠纷。但是能开担保公司的都有一定背景，根本不会怕你。

　　我为什么会知道？因为我在买第二套房产的时候，由于临近交首付的时间有约80万元的款项可能不能按时到账，如果错过了按时签约的时间既不能享受折扣，也可能出现其他问题，当时已经借了不少朋友的钱，只能找担保公司短期借款。在网上找了一些担保公司咨询，的确有能够尽快借钱给我的担保公司，但是综合的月利率达到4%，同时还要拿我的第一套房做房产抵押！不过后来比较幸运的是我的首付款项顺利到账，没有继续找担保公司贷款了。但是我的好多资料都提供给了担保公司，后面联系了接洽我的业务员，给了她几百元的红包，让她帮我把留存在他们公司的各种资料销毁了。感觉找担保公司是一个很大的坑，自己险些跳了进去。

其实在网上找寻贷款的时候还发现了有电信诈骗的情况。上面说的担保公司虽说是高利贷，但是并非诈骗，他们有实际的办公地点，而且是在特别高大上的地方，所以是拿人钱财替人解围，只是收费颇高。我当时觉得 4% 的月利率太高，就想找利率低，又能快速放款，还能额度比较大的，事实证明是没有这等好事的。有声称利率低又快速放款并且额度大的，那绝对是骗子，他们会要求你用 QQ 跟他联系，要用网上银行的"U 盾"，然后按照他们的指示一步步操作，最终的结果就是把你账号里的钱都划走了！我为什么知道？因为我还是有点戒心的，搜索了一下相关信息，果然发现是骗局。看，又是一个大坑。

上面介绍的各种借钱情况，不论是借给别人钱，还是自己找别人借钱都是发生在我身上的实际案例，一不留神就栽到了坑里，作为读者的你们一定要前车之鉴小心行事。

3. 跳过买房那些坑

对于很多家庭来说买房子可能是头等大事，光是首付可能就要花掉多年的积蓄，甚至还要找父母、亲戚朋友借款，买完之

$

理财路上满是坑，

一不小心就会掉入陷阱，

深思熟虑总没错。

后需要长时间当房奴还贷，因此买房也要特别慎重，避免进坑。

　　买一手楼盘的坑可能会少一些，但是细数下来也有不少。首先在售楼处就可能会被迷惑，因为售楼处有时候不在实际购买楼盘所在的地点，所以光在售楼处并不一定能看到楼盘真实的情况，特别是周边环境、配套设施。样板间也可能是临时搭建的，也不一定跟交楼标准完全一致。

　　一手楼很多是期房，有时候交完首付甚至要等 1 ~ 2 年才能收房，而这段时间你仍然要正常还房贷。所以有可能的话还是买现房或是准现房，而不要买很长时间才交房的楼盘，有时候夜长梦多，遇到开发商出现问题（什么高官被抓、资金链断裂、法律纠纷之类的）那就进大坑了。

　　交房时可能也会有坑，比如面积缩水，承诺赠送的面积有变数，墙壁、上下水、电路有问题，带装修的有质量问题等。在验房时最好带上专业人士，如果出现上述问题，不要匆忙签合同领钥匙，要联合其他业主一起维权。交完房之后，契税等各种费用都交清了，还可能遇到开发商迟迟办不下来房产证的情况，这也是一个坑。

　　买二手房的坑可能会稍微多一些，因为涉及到中介和原业主。有的中介为了绩效、个人提成可能不择手段。比如在一些房产信息的网站或 App 上发布虚假消息，非真实的房源，或是价格比市场价低很多，遇到这种情况一定要提高警惕，一般都是为了套取潜在客户的联系方式。

有的中介可能会故意造成房源紧张，引诱买家尽快购买，甚至跟原业主串通一气欺骗买家。所以说遇到无良中介也是进入了一个大坑，购买二手房时还是要找资质好、排名靠前的中介公司。如果房价很高的情况下，中介费也非常高，其实有时候中介的劳动付出根本抵不上那么多中介费，这个时候一定要争取中介费的折扣，不要傻傻地别人说多少就给多少。

二手房的原业主可能也是一个坑，如果你表现得非常想要他的房子，他很有可能就坐地起价了。前一段时间深圳房价疯涨，很多买家已经缴纳定金的情况下仍然遭遇了不少业主的返价和违约。在利益面前，很多中国人的契约精神真的不怎么样。

没有完美的二手房，很多时候买家可能看房并不仔细，而业主也不会主动告知房屋的缺陷，等交房时买家才发现问题，但是那个时候都已经过户，也只能吃闷亏了。所以在看房的时候一定要选不同的时间段，比如晚上，比如下雨天等，这样能更多地发现房屋的问题，也可能会有一些讲价的条件。

二手房的交易有时候涉及到夫妻双方，很可能出现一方要卖，一方不同意卖的情况，遇到这种情况也是有理讲不清了。很多有小孩的父母，看到小孩即将入学，需要购买一套学位房，这个也要留个心眼，虽然买的是学位房，也有可能学位已经被使用了。受骗是小，耽误了孩子上学是大。有的学位房要入住一定时间学位才能生效，这也要提前了解清楚，不然买了还是不能用，自己给自己挖了一个坑。在前面的买房章节也说过了，有的家庭买了第二套房，可能没有将户口迁入新房，结果原业主的户口也没有迁走还一直在你的房产上。不论是有意无意，买房子的人都要留个心眼。

买完房子就要办理贷款，贷款也有学问，前面说了你算不过银行，这里也是同样的。首先银行会默认给你等额本息的贷款方式，这种贷款方式每个月还款额是一样的，但是银行能获取更多的利息。还有一种还款方式是等额本金，每个月还款额逐月递减，相同的贷款周期相对于等额本息的贷款方式需要支付给银行的利息要少很多。选择哪一种贷款方式要根据自己的情况，如果当前买的房产是过渡型，过几年要购买改善型的房产，会涉及到提前还贷，这种情况下采用等额本金的贷款方式会更划算一些。

说到提前还贷，也会有坑。一般情况下提前还贷都要支付一定的罚息，因为银行没从你那里赚够利息你就要提前还贷，银行不爽就要多收你一点钱。所以要看清楚贷款合同中关于提前还贷的条款，有时候还款达到 36 期就可以免交罚息，那么这种情况下就要算好，如果接近 36 期了就干脆等到免交罚息的情况下再还贷。

贷款的利率是动态调整的，比如 2015 年就降息了好几次，但是如果你签订贷款合同的时候是按年来调整贷款利率，那你就亏大了。所以在有比较大的降息预期情况下还贷利率要按照按月调整，如果有比较大的升息预期情况下还贷利率要按照按年调整，这样才可以保证自己的利益最大化。

很多人不会利用公积金，这也非常吃亏。贷款一定要优先选择公积金，但是有的楼盘可能不让公积金贷款，或者办理公积金贷款时间周期很长，不能在规定时间内完成购房，这个时候也不能不管公积金。首先可以在后续的日子里看是否能商转公，或者至少可以办理购房一次性提取余额以及按月提取还贷。可以这样说，你应该想尽办法将属于自己的公积金弄出来，账户上的公积金余额越少对自己越有利，否则大笔公积金在账户上会越来越贬值，不如取出来买理财产品。

买房的坑可大可小，整个过程一定不能掉以轻心，每个环节都要搞清楚，多咨询，多看相关的经验，避免掉入坑中。

后记

　　写完这个关于理财的连载首先想到的竟是十多年前老爸在我大学毕业前对我说的话。他说去深圳找不到工作就回老家，然后跟他一起租个门面教我修电视机。现在回想起来竟也感慨万千，那会不会是完全不一样的人生呢？我仿佛看到一个肥腻秃顶的中年男人穿着破旧的拖鞋，吃完晚饭微醉而又满足地剔着牙，听着新闻联播里跟自己毫无关系的报道，老婆边刷着碗边碎碎叨叨着家庭琐事……

　　转眼已经深漂 11 年，虽然不如老家那些同学、亲戚生活得那么悠然自得，但也从不后悔自己的选择，因为我知道自己终究过不了那样的生活。这本理财书并非是去介绍自己的奋斗史，感觉那样太微不足道，还不如把理财经验分享出来更有意义。

　　很多人理财就是为了财务自由，可是要达到终极的理财目标除了财务自由外，还要时间自由和身心自由。有的人虽然非常有钱，但是根本没有时间享受生活、陪伴家人，这就是时间不自由；或者要承受非常大的工作压力、身心疲惫，这就是身心不自由。所以理财的终极目标就是财务自由＋时间自由＋身心自由，缺一不可。这就需要你建立自己的理财系统，让这个系统做良性运转，不断产生足够的收益，并且不需要自己多操心，可以做自己想做的事情，过自己想要的生活，这才是你要追求的。

或许你才刚走出校门，或许你已经步入中年，或许你从来衣食无忧，或许你一直生活拮据，或许你还孑然一身，或许你已三代同堂，理财都将是你一生永远也学不完的课。

最后祝愿每位关注微信公众号"沐丞的自由生活"的朋友们早日达成心愿，过上自己想要的生活！

附录：随手记论坛与网友互动问答精选

笔者曾经在随手记论坛发过一个理财相关的连载，帖子得到了随手记官方的加精和推荐，阅读和评论的数量都很高，在连载的几个月中跟论坛的网友也有很多互动，帮助很多网友解答了理财困惑，也得到了很多鼓励。

本书下篇中列举了不少理财的案例，绝大部分都是论坛网友的实际案例，由于篇幅限制并没有收录更多，这个附录就是从论坛中挑选了更多具有代表性的问答和案例供大家参考。

1. 关于你推荐的P2P理财平台是否安全，我应该投入多少？

答：高收益都意味着高风险，我只能说我推荐的P2P理财平台是我自己也在投的，而且有推荐身边的朋友投，不是这些平台的托，也不是植入广告。但是你一定要我保证绝对的安全，我这个做不到哦，连银行都能倒闭、股市都有人搞鬼，我一介草民如何预测这些呢？想要投资P2P的朋友，可以微信关注"P2P观察"这个公共号，在里面回复P2P平台的名称就可以看到关于该平台的相关信息，作为投资的参考。至于每个人该投入多少，这个的确不能一概而论，要根据个人的经济状况和风险承担能力，但是有一点可以做的就是我帖子里说的分散投资，不要只投一个 P2P 的平台项目，多投几个，这样可以分散风险。

2. 感谢楼主，我学到了，本人毕业一年多，大学开始挣钱，毕业时积蓄也不少，工作后月薪经过几次调整也有 8000 元的水平，可由于消费不节制常常入不敷出，到现在还有不少外债，现实状况一片混乱啊！得好好跟你学习向你靠近了，致敬！

答：大学开始挣钱，毕业就有不少积蓄，工作一年多，月薪有几次调整达到 8000 元，已经非常好了，比我刚开始好太多，比很多人都强，表示你是个上进的人。问题可能就是由于消费观念，所以不妨先从端正消费观念，以及断舍离开始。

3. 我想问楼主，之前我把一张额度为 5 万元的信用卡借给朋友用了一年，前几天才要回来但是已经被银行锁卡了，影响我的信用记录吗？还有我是不是很傻啊？

答：首先你要尽快联系银行，看看是什么原因被锁，如果只是刷了大额的消费被锁，但是按时还款了还好办，只要解锁就行了，但是如果你朋友是一直刷卡根本没还钱而导致的锁卡，那就麻烦了，这就是"逾期"，我在信用卡还款章节中会写这些内容。信用卡逾期比较麻烦，你要尽快跟银行沟通。信用卡最好不要随便借给别人，你现在的这个情况很可能已经产生了信用问题，以后贷款买房都会受影响。至于你是不是很傻，我则不这样认为，反而觉得你是个重义气的人，应该是朋友找你借钱，你没有钱借他就给他信用卡了，以后不要这样做，他如果要买什么东西你去刷，不要直接将卡给别人。让他给你写个借条之类的，自己要想办法把钱还上。

4. 十二存单法是办一张银行卡每个月存一单，到年底就有十二单吗？请原谅我是个理财小白，问的低级问题。

答：不一定要特意办一张银行卡啊，任何已经有的银行卡就可以，最好就是工资卡。十二存单法是每月存一笔一年定期，连续存十二个月，这样第二年开始（第十三个月开始）每个月都有一张一年定期的存单到期，你可以加上当月要存的钱，再继续存一年定期，如此往复。

5. 收藏了。真的很棒！期待楼主后续更新！起初是被题目吸引进来的，但是看下来就觉得楼主真的很用心，文章翔实生动，

不是用心规划并且坚持的人不会有这么真实。我是去年研究生毕业，在上海工作刚满一年了，到手月工资其实也只有4000元，这一年自己摸索下来，也有两万元的积蓄了。楼主说到的余额宝、信用卡我也深有同感。今年6月份刚入了股市，同样感触颇深啊。目前是一半积蓄投资股市，还有一半放余额宝雷打不动。加上今年准备多投资自己，培训、健身之类的，感觉稍有些力不从心。想白手起家真的不容易啊！

答：你工作刚一年，按照上海的物价，到手工资只有4000元，那是非常少的，你能存下两万元非常不容易，是不是不用租房的？现在深圳随便一个单身公寓都差不多要3000元一个月了。你是研究生毕业，所以基础比较好，也有一定的理财意识，所以不要急于设定太高的理财目标。目前主要的问题是你的收入比较低，首要做的事情是投资自己，在职场上升值，不要花精力炒股票。拿1万元炒股就算一年50%的收益也就是变成了1.5万元，但是只要努力提升自己，工资和奖金大幅增长，轻轻松松就超过这个收益了。

6. 楼主是先要投资自己，怎么投资自己呢，这是个很模糊的问题，比如做销售的怎么来投资自己，或者可以转其他职业呢！求指点。

答：这个问题的确不好回答，因为可能因人而异，要看这个人当前的状况，他是刚入职场，还是到了职业瓶颈期，还有各行各业提升的路径也会有差异。因为我本身并非做销售，所以很难从专业的销售角度来告诉你怎么提升。但是有些素质提升是共通的，比如你做销售你的客户是怎么样的？如果是国外的客户你的口语怎么样？如果是国内的客户，你的表达能力怎么样？你对自己的产品、竞争品牌、行业环境是否了解？你在推销时是否有一些特殊的方法？你是否懂得人的心理？你销售的对象是企业还是个人消费者？你是否知道不同？你很会做展示材料吗？你上司的工作是什么？你如果做到他的位置知道怎么开展工作吗？这些都是可以提升的地方。除了这些，你清楚你们的产品是怎么设计出来的吗？主要的卖点是怎么规划出来的？未来的产品迭代计划是怎么样的？很多公司 CEO 都是销售或财务出身，所以这个职业本身并没有问题，是否要转其他职业我不能判断，因为我对你的了解太少。

7. 看楼主的帖子给予我很多动力，很想好好理理财！我现在单身带着女儿（3 岁），要父母帮我一起带，经济上很有危机感，但我这方面完全不懂，不知怎么做？拜托你帮我指导一下。我的情况如下：

年龄：31（工作 6 年）

月薪：3000 元（当老师工资固定没什么增幅，若兼职每月可赚 1000 ～ 2000 元）

公积金：每月加上单位的有 900 元，余额 6 万元

存款：55 万元，一半放银行定期一年

信用卡正打算申办工行的（工资卡用工行）

每月支出

房租：200 元（住单位房）

伙食：2500 元

其他：600 元

我家在福建莆田市，房价 9000 元一平方米，之前一直考虑买个小两房，但房贷压力太大，所以房子等以后成家后再考虑，目前不知存款如何理财，拜托帮我指导一个方案吧！

答：你好，看了你的情况，我觉得你可以尽快购买一套小两房，理由如下：

1. 手头上的现金太多，有 55 万元，基本没有在理财，这些钱定期一年都跑不赢通货膨胀，目前来看你并没有需要随时大额消费的地方，所以转换成固定资产也有利于降低风险；

2. 你可能会问这笔钱躺在自己的银行账户上有什么风险，你目前的情况让我想起了我姑姑以前的状况，当然你的家庭情况我不清楚细节，讲一下我姑姑的事情算是前车之鉴，你后面也留

意一下。我姑姑之前的家庭很幸福，但是姑父突然有一天出车祸
死了，留下她和女儿（这是好多年前的事情），后面她结识了一
个比她小很多的男人，这个男人花光了她所有的钱，包括积蓄、
姑父的赔偿款等。这和我姑姑遇人不淑有关，但是也给你提了一
个醒，当你要再次组成家庭时凡是都要留个心眼，女人难免轻信
别人，虽说你不一定会遇到坏人，但是留这么多钱在账户上，一
旦后面交往的人找你要很多钱，是给还是不给？如果是房子你就
没有这个烦恼了；

3. 你的房子一定要在婚前买，这个道理相信你也懂，婚前
买的房产属于个人财产，而且你的情况可以自己还贷。你的状
况，单身妈妈带个孩子不容易，有时候难免委曲求全，你有自
己的房子，自己还贷，有利于提高家庭地位。万一后面有什么
问题，这个房子仍然是你自己的。你信任我，我才说这些，我
觉得没有必要说那些客套话，凡是要做好周全的打算。你是老
师，明白这些道理。

如何买房和还贷？

1. 小两房买个 60 平方米的，总价 54 万元，首付 16.2 万元，
你的存款付首付肯定没问题；

2. 你的公积金有 6 万元，这个余额还是挺高的，现在也是

没有利用起来，所以你完全可以全部公积金贷款，现在贷款利率很低；

3. 按照目前的利率，每个月还贷 1700 元，公积金可以办理按月提取，这样每个月缴存的 900 元可以利用起来，剩下的 800 元，你做些兼职，给学生补课就凑够了，你刚过 30 岁，而立之年，也有父母给你带孩子，应该要想办法提高收入。这样的话你正式的工资并不需要额外用来支付房贷；

4. 你这个房子可以考虑自住，这样单位的房租 200 元可以省下来，也可以考虑继续住单位的房子，把房子租出去，所得也可以用于还房贷或贴补家用。

如何理财和生活？

1. 55 万元中拿出 20 万元，用于支付首付，剩余的可能要支付一些杂费作为预留，也可以作为购买家私用，暂时放在余额宝中；

2. 剩下的 35 万元中可能要预留 10 万元，作为装修费用，如果买的房子本身自带装修，这笔 10 万元就买银行的理财产品，一般收益是 6% 左右；

3. 你每个月的工资基本上都用于生活了，所以抗风险能力比较低，所以理财以稳健为主，剩下的 25 万元中，10 万元存 5 年定期（我之前一般不建议做定期储蓄，主要是从收益和资金流动性上考虑，但是之所以建议你这样做，是因为你的情况反而流动性低一些有好处）；10 万元购买银行理财产品，可以买 12 ~ 24 个月的，降低流动性；5 万元购买年化收益为 15% 的 P2P 理财，一般是 3 个月至半年的期，循环买；

4. 公积金余额在贷款办理完后可以办理一次性提取，这 6 万元，将 1 万元放入余额宝中作为备用零钱，剩下的 5 万元可以购买短期的 P2P 理财产品，一个月左右的，10% 左右的年化收益，或者放入草根钱包中，7% 的年化收益；

5. 平时的生活消费优先走信用卡，目前来看工资基本上覆盖消费，所以每个月用工资偿还信用卡即可。我还是建议你做兼职，每个月剩余的钱做基金定投，这个是长期持续的理财，可以长达数十年，这个基金定投账户中的钱给自己的小孩，做将来的教育基金都可以。

以上就是整体的建议了，从你的描述来看，除了理财的部分你要加强，还有心态。因为你说担心还不了房贷，要以后成立家庭再考虑，等等，言下之意是要依靠别人，这是比较典型的逃避心理。你有工作，是老师，有学识，完全可以是一个经济独立的女性，任何时候都要自强，别人能有的你也可以。希望能帮到你。

8. 楼主，你好，我的工资是这样的：11～12年为实习期，工资2000元，时间为一年；12年转正后工资4000元左右；13年至今一直在4500元左右徘徊，上升幅度不大。我是在一家国企单位工作，从事化工生产，可能是我们的工资比较固定还是怎么了？当然我也在努力提升自己，从员工到班长，但是也就那样，人员上升空间比较小。我该怎么办呢？

答：你的情况已经不单单是理财的问题，可能涉及到职业规划的问题。内地的国企工作相对稳定，但是工资和奖金的涨幅会比较缓慢，有的人喜欢这样的铁饭碗。这要看你怎么规划了，还有你以前的专业和这几年的工作经验在外面是否能找到更好的工作？你现在工资可能较低，但是也可能衣食无忧，工作压力可能也不大，不知道是否要买房。

9. 楼主，我有个疑问，您书中提到不要盲目消费，可是我认为自己是一个意志不怎么坚定的人，由于常年在外念书，身体一直不好，所以想办一张为期两年的健身卡，价格3000多元，本人学生，一个月所有钱加一起能有3000多元，有时候会更多一些，刚学习理财，在银行开了一个零存整取的账户，请问我这样的情况还可以办吗？另外，我自己是想用信用卡刷，分期两年，这样每个月都还钱，可以督促自己去健身，不知道这样的做法可不可取，希望楼主给点建议，谢谢！

答：首先，我不建议你办健身卡，因为你说你是个意志不坚定的人，很多人觉得自己办了健身卡就会经常去运动，但是到后来根本就浪费了，我在帖子里还特别提到了这条。既然你是学生，健身的目的是增强体质，我相信学校里的一些基础设施已经足够，至少可以从操场跑步、球类运动开始，根本没有必要去使用健身房里的跑步机或是力量训练的器械。现在有很多在家就能做的健身视频，App 都可以看和学。你现在的情况顶多买一对哑铃和一个瑜伽垫就够了。健身房的健身更多侧重于肌肉训练，平时饮食还要高蛋白，吃蛋白粉等，目前不适合你。至于办信用卡是可以的，但是肯定不建议信用卡分期去买健身卡，这个道理在信用卡消费的章节已经说明，不划算。而且是两年的，你保证那个健身房两年还在吗？你两年之内不会去外地实习之类的？所以不要办。你目前主要的精力还是在学习上，由于你现在也没有什么钱，省吃俭用省下个一两千，再怎么理财也理不出个花来。但是可以端正自己的消费观念，身体不好的话在吃上就不要那么省，不要乱买无用的东西。可以先从记账开始，有余钱买一些简单的不耗费精力的理财产品。目前培养理财意识更关键。

10. 请楼主帮忙规划，我的情况如下：

1. 理财目标：量入为出，不再啃老；

2. 目前 26 岁，还没有工作过；

3. 没有任何工作收入，开了一个母婴店，目前一月赔 3000 元；

4. 无保险、无公积金、无贷款、有房有车；

5. 结婚前存款 70 万元，现在只剩下 5 万元了，没有信用卡，都是刷储蓄卡；

6. 每月消费 1.2 万元以上；

7. 我们这儿房价 2500 元到 6000 元不等，我住在东区富人区这儿（河南）。

答： 看了你的情况，目前的状态可能不是通过理财能解决的。估计你的家境较好，衣食无忧，不用工作，父母承担日常开销。因为没有工作可能申请信用卡比较困难，而且看你的情况，估计也是属于消费观念需要调整的人群。关于母婴店，目前是一个月赔 3000 元，这个要分析一下原因，究竟是会一直赔下去还是说只是因为刚开张需要一定的养店时间。根据你的描述，我感觉你可能是一个"撒手掌柜"的管理状态，如果是自己经营一个店面，还是要自己多用点心哦。你要关注进货、卖货、记账、员工动态，等等。

我对母婴这个行业不是很了解，像我们深圳这边，这些东西基本上都去香港买，不知道你们那边的情况。你有没有分析过市场、客流量、店铺位置等？

你在河南，不需要租房，一个月消费都达到 1.2 万元，可见在消费上不能很好地控制。还有你说的结婚存款 70 万元，变成了 5 万元，不太明白什么意思？是结婚花掉了，还是开母婴店投资了，还是断断续续自己消费掉了？你目前没有实际的收入，母婴店要再深入分析一下有没有必要做下去，如果一直亏损还不如转移到电商销售。然后就是对自己的消费观一定要调整，估计你从小家境优越，花钱大手大脚，家里的衣服和鞋子肯定好多，先开始断舍离，消费购物前要三问，先从降低每个月的支出开始，即"节流"。

如果母婴店不适合继续经营，你可能要想想自己怎么"开源"，这个问题不解决，你无财可理，也没办法摆脱一直啃老的状态。

11. 理财的目标是两年买房，目前的年龄是 26 岁，工作两年，月收入约 3500 元，年收入 5 万元（工资 4.2 万元，奖金 3000元，额外收入 5000 元），目前存款 3 万元，能存下这些主要是我爸妈每个月只要我意思意思给两百元生活费，其他都让我存嫁

妆，由于去年十月才开始回家里住，真正存钱是在那个时候开始。由于是政府相关的工作，工资提升会很慢。信用卡额度是 1 万元，每月的消费在 800 元左右，所在城市是珠三角房价几乎最低的洼地——5200 元一平方米。有住房公积金每月 400 元，目前账户里有 4200 元左右，之前在本市的住房公积金管理中心那里计算过，像我这种情况，预测能贷到 15 万元。这种情况下，想实现买房梦，该如何是好？

答：你的情况，只要房价不是变动特别大，两年买房没什么大问题。目前房价是 5200 元每平方米，70 平方米的话总价就是 36 万多元，两年之后估计房价上涨至少 10%，要达到 40 万元，首付三成就是 12 万元，你要想办法理出这么多钱来。

1. 已有存款 3 万元，可以激进一点，购买年化收益为 15% 的 P2P 理财，预计两年后接近 4 万元；

2. 平时每月开销也就 1000 元，两年的收入至少 10 万元，除去开销剩余 7.6 万元，这 7.6 万元是每个月工资减去消费逐月存的，按照平均 5% 的收益，差不多 2 年能达到 8 万元。应该说买 40 万元的房子，在首付方面应该没有问题；

3. 公积金比较少，买房之前不用提取，两年后预计有 1.4 万元，估计可以贷款 15 万元；

4. 房贷 28 万元，30 年，其中 13 万元商贷，15 万元公积金贷款；每月还贷总额是 1400 元，办理公积金按月提取还款，这样工资支付 1000 元，公积金 400 元就行了。这样每个月除去开支和房贷还剩余 1500 元，继续购买理财产品即可。

你的情况实现理财目标问题不大，主要是再努力提升月工资。

12. 理财目标 3 年买房买车，目前情况：24 岁，刚参加工作，月到手 4600 元，月公积金 1200 元，月开销 1500 元，无储蓄，打算在广州买房，是不是有点不现实？

答：不太现实，一线城市的房价较高，假设 3 年后的房价 3 万元，总价 100 万元也就买个 30 多平的单身公寓，而你需要至少攒下 30 万元的首付，加上买车大概 10 万元，你 3 年要有 40 万元的现金。现在你一个月可以存下 3000 元，一年即使配合理财差不多存 4 万元，3 年也就 12 万元，至少有 28 万元的缺口。这 28 万元很难通过理财来实现，你目前要做的是努力投资自己，使工资和奖金大幅提升。调整理财目标，车在买完房之后再通过理财买，车是消费品，买了之后月开销会增加很多，先不要跟房子差不多的时段买。

13. 楼主，你写得非常好，对于刚毕业的学生受益匪浅。有几个问题想要问您，我现在月收入税后 3500 元左右，每月 700 元补贴，现在的工作也不是很顺心，不过刚开始也没有办法，也

有想法要不要读研究生，也请你给点建议。对于理财我是小白，在上海这样的城市我该怎样才能生活下去，我计划5年买房，可能会被笑话，请您指点一二，感激不尽。

答：以你目前的收入在上海买房比较困难，到手只有4200元，还要除去生活开销，如果要租房那基本所剩无几。在月收入、年收入无法大幅度提高的情况下，即使5年也很难凑够首付，而且一线城市的房价会持续上涨，现在均价是5万元，可能5年后得8万元了。工作不顺心就去读研是一种逃避，你能保证读完研工作就顺心了吗？一线的工作生活本身压力就比较大，刚毕业都会遇到各种问题。读两年研究生再出来找工作，也会有很大的就业压力，如果单纯从用人单位来说，可能更愿意用一个3年工作经验的本科生，不一定要应届硕士哦。

如果你确定能考上心仪的学校和专业，也可以尝试考研，毕竟读书的机会不多，而工作却要好长好长时间。不能一概而论。

14. 我的情况，请帮忙指点：

1.理财目标：最少2年内买一套自己的房子，价值约90万元；

2.我是女生，硕士毕业，今年26岁，工作经验一年；

3.年薪11.5万元；

4. 公积金每个月缴存 2000 乘 2 目前余额是 2.3 万元；

5. 目前有存款 9 万元，暂无信用卡，大部分存款放在余额宝；

6. 每个月的消费：目前一个人生活，月消费 3000 元左右；

7. 所在的城市，中部地区，房价 8000 元。

答： 价值 90 万元的房子需要准备约 30 万元的首付，按照你目前的收入和支出，粗算稍显吃力，所以建议改为 80 万元的房产，准备约 25 万元的首付。你的月收入还可以，建议开始用信用卡，这样容易周转。

1. 目前已有 9 万元存款可以购买不同的理财产品，可以分散投资，2 万元存余额宝，2 万元买草根投资，2 万元买铜掌柜，2 万元买合时代，1 万元买指数基金；两年后预计可以达到 11 万元；

2. 两年的收入有 23 万元，支出 7.2 万元，剩余约 16 万元，每个月的工资也是买不同的理财产品，保守收益按照 6%，两年后预计可达 17 万元；

3. 不知道你们当地公积金的政策是怎么样的，你的公积金缴存非常高，可以尝试按月租房提取，即提取 2000 元，另外 2000元继续存入余额，2 年后有 7 万元的公积金。如果个人能公积金贷款 55 万元，那么就全部公积金贷款买房即可；

4. 买房后月供约 2500 元，你的公积金按月提取就可以支付了。

你可以具体了解一下你们当地公积金的政策，如果个人公积金贷款额度可以达到 70 万元，那么 90 万元的房产两成首付只要 18 万元，按照你的情况两年内买 90 万元的房产也是没有问题的。

15. 麻烦帮忙规划一下，谢谢！

1. 3 年存款 20 万元（有困难的话 10 ~ 15 万元也行，现在存不下钱）；

2. 我 34 岁，老公 38 岁，工作 15 年，小孩 3 岁；

3. 工资加起来 8000 元，暂时没有提升空间；

4. 公积金我每月交 210 元，余额 3.5 万元，老公差不多；

5. 存款 3 万元，股市 2 万元，余额宝 7000 元，信用卡额度 2 万元；

6. 每月开销 7000 元左右（有了小孩后钱存不下来）；

7. 在上海，无房贷，现在住的地方 2.8 万元（中等价）。

答：3 年存下 15 万元可以试试：

1. 公积金是否有办法一次性提取出来？按照上海的房价，以及你们夫妻的情况，很难买房的，公积金余额躺在那里也是浪费，如果能提取出来理财比较划算（比如装修提取之类的）；每个月缴纳的公积金最好也想办法提取出来贴补家用；

2. 每个月尽量用信用卡消费，发了工资就存 1000 元到余额宝（有小孩，要留足够的零钱），剩余的钱用于还信用卡，你们的工资只有 8000 元，消费已经达到 7000 元了，所以要有所控制，保证每个月能攒下 1000 元，这样 3 年至少有 3.6 万元；

3. 存款 3 万元中，1 万元放入余额宝，1 万元购买草根钱包，1 万元购买铜掌柜（1 个月左右的 P2P 理财）；因为你有小孩，随时要用钱，这样做兼顾流动性和收益；

4. 股市 2 万元不知道你最近收益如何，可以继续持有，也可以考虑买 P2P，年化收益 15%，或者买指数基金。

16. 请楼主帮忙筹划：

1. 理财目标：2 年内在深圳关内买房；

2. 目前 24 岁，工作 2 年；

3. 月薪 8000 元，年薪 9.6 万元（事业单位）基本没有什么提升空间，可以忽略。其实也有转业的计划，现阶段想在投资自己的基础上更好地理财；

4. 每月公积金 1200 元，余额 0（公积金提出来理财了）；

5. 存款 22 万元，目前放在余额宝 4 万元、5 万元基金，其余买银行理财产品了（赶上牛市，赚了一笔，而且逃顶了，然后傻乎乎放理财），无信用卡（看到信用卡说的内容，觉得太对了，之前妖魔化，主要还是自己的观念）；

6. 每月支出大概 4000 元，包括给母亲的家用；

7. 深圳的房价……楼主清楚的，家里可以出点钱买房只是想尽量靠自己。

答：你的情况要两年内购买 400 万元的房产几乎没有可能，首先需要 120 万元的首付，你目前只有 22 万元，工资收入只有不到 10 万元，就算不吃不喝两年也才 20 万元，总共 40 万元，离首付还差一大截。就算你家人给你 80 万元，帮你付了首付，那么你要贷款 280 万元，月供需要 1.5 万元，你的月薪只有 8000 元，不吃不喝也付不起。所以你的理财目标属于典型的不结合实际情况，请重新调整，可以定为 2 年理财达到 30 万元。

17. 楼主能帮忙看看，像我家这种情况在深圳 2 年内买得起房吗？家庭收入每月 1.1 万元，没有其余收入，没有公积金，存款 3 万元，余额宝 1 万元，之前在银行稀里糊涂买了股票及混合型基金各 5 万元，目前还亏 1 万多元，股票里 1.5 万元，每月支出至少 5000 元，没有信用卡，我真心不懂理财，但很想尽快买套 80 平方米左右的房子，孩子过 2 年要上小一了！求指导！谢谢了！

答：你家庭目前的情况在深圳买 80 平方米的房子可能性非常小，目前深圳的房价是全国最高的，两年后即使最偏的地方也要 3 万元每平方米了，80 平方米意味着至少要 70 万多元的首付，按照你们目前月收入只有 1.1 万元，每月开销 5000 多元，现有的资产不到 10 万元，两年后也就理出 20 万元，离首付差距太大，同时即使有首付，月供也吃不消。目前能做的就是想办法提高家庭收入，股票和基金可以继续持有，也可以赎回购买稳健一点的理财产品，银行存款一部分放余额宝，一部分购买 P2P 理财。这些只能保证你的资产有一定的收益，离买房还差很远。你或许可以考虑到东莞买房。

18. 谢谢分析和分享。麻烦您再谈下，用手机 App 理财需要注意的安全问题，比如 App 都绑定银行卡和手机号，手机收到短信可以修改密码吗？那 App 是不是最好和绑定的手机卡，还有身份证不放在一起？不然一旦手机遗失，那 App 的资金可不可能被别人转出？

答：手机被盗要及时挂失 SIM 卡，让被盗手机里的 SIM 开失效，至于手机是否可以修改密码，这要看盗你手机的人是否知道原始密码啊。所以手机本身就要设置锁屏密码，这样可以防止进入手机里面。同时每个理财 App 都是被要求设置密码的，这样又多了一层保障。至于你说身份证、银行卡、手机都被盗的情况，要做的就是尽快挂失银行卡和 SIM 卡，身份证要登报说明遗失，然后尽快补办。

19. 楼主，怎么观察 P2P 网站的可靠性呀？

答：这个比较难简单说清楚，一般要看它的注册资本、后台、投资方，还要看它的项目，以及项目利率（超过 20% 的都不太安全）。还有些辅助的判断就是这个平台的网站做得怎么样，App 的设计、易用性等。然后再看一些 P2P 平台的排名，关注 P2P 观察微信公共号上的评级等。

20. 我现在 25 岁，做 UI 设计的，工作经验 1 年半，月收入是 4000 元，社保 200 元，公积金 200 元，实际到手 3600 元，预计平均每年的提升工资水平是 25%，我明年准备跳槽到深圳打拼。估计到时工资大概可以拿到 8000 元左右。公积金大概有 3000 元存款，目前自己的积蓄就 1 万元，信用额度 1.6 万元，平时出去玩的花销比较大，每个月的开销租房子加生活费大概要花 2000 元左右，我在惠州，惠州现在的房价涨得快，市区楼盘均价大概在 5500 元到 6000 元一平方米。理财目标是 5 年内在惠州买 55 万元左右的楼盘住宅。还有一个问题是先买车还是先买房好？好像如果是要房贷的话，买车的压力就很大。麻烦老师解答下。

答：按照你目前的收入和存款买车是不合适的，首先你的钱并不够，其次你马上要到深圳工作，在深圳买车要摇号上牌。

买房和买车是完全不同的，买车是消费行为，买了车之后每个月会额外增加很多支出，车子也会随着使用越来越贬值；买房是投资行为，虽然也是要还贷款，但是可以收取租金（抵消自己的租金），同时一般情况下房子会升值。深圳的交通其实比较方便，如果买车是为了方便，我觉得没有必要，我在这边 10 年了也没买车，每天都滴滴打车。从理财的角度来说都是早 5 年买房，晚 5 年买车。

关于你的理财目标，5 年后惠州的房价可能要达到 8000 元到 1 万元每平方米，按照 90 平方米的房子，你至少要存下 30 万元的首付。在深圳的消费、房租可能会比较高，惠州每月 2000 元的水平肯定不够，估计房租都不够。你如果按照每年 25% 的收入提升，粗算买房还是有些紧张。特别是 5 年的时间变数比较大，你个人的生活可能也有很大的改变（比如交女友，消费增加），UI 设计师的收入幅度比较大，有可能几年都涨不了多少，也有可能收入丰厚。我建议你可以做一些兼职增加收入。

21. 麻烦帮忙规划一下，谢谢！

1. 理财目标：两年买房（目标是新房，三室，100 平方米左右）；

2. 两人都 30 岁，工作 6 年；

3. 总月工资收入约 6000 元，年收入 7.2 万元，暂时没多大提升空间；

4. 公积金每个月缴存 200 元，余额约 9000 元；

5. 存款 7 万元（2 万元定期，4 万元放证券账户炒股，银行活期 1 万元）（下个月生小孩，社保报销后，预计要支出 1 万元的生产和月子费），信用卡额度 2 万元；

6. 平均每月支出约 3500 元；

7. 三线城市，8 月新房均价约 6000 元。

答： 目前来看你们的理财目标比较难实现：

三线城市的房价可能上涨缓慢，预计两年后的房价是 6500 元每平方米，100 平方米就是 65 万元，三成首付约 20 万元，现有资金是 6 万元，缺口至少 14 万元（这还不算要交契税、装修、中介等费用），目前你们两口子总收入只有 7.2 万元，未来两年也没有提升空间，不吃不喝才可以攒下 14 万元。而且马上有小孩，每个月的支持肯定会增加不少，一年可能只能存下 2 万元，很难达到首付的要求。

建议调整一下目标：

1. 房子改为 90 平方米以下，这样总价会降低 10%，同时契税会降低 2%，相应的装修、中介费用都会降低；首付大概要 18 万元；

2. 改为 3 年买房；

3. 还是要想办法增加收入，争取第二年达到 6500 元，第三年达到 7000 元；这样除了能攒下更多的钱，公积金也会相应增多，你的房子最好全部用公积金贷款买，目前的公积金余额，加上未来 3 年的累积，差不多可以；

4. 目前月度支出 3500 元，小孩出生后预计到 4500 元，这样第一年剩余 1.8 万元，第二年 2.4 万元，第三年 3 万元，总共有 8.2 万元，配合理财预计可以达到 9 万元；现有的 6 万元可以购买 P2P 理财，按照每年 15% 的收益，3 年后达到 9 万元，这样能凑够首付；

5. 全部用公积金贷款后，月供约 1800 元，把公积金按月提取（估计 3 年后至少有 500 元），这样工资支付 1300 元，如果工资能达到 7000 元，还有 5700 元，原有的月度消费中可以再减去现在的房租，应该差不多。